AF137570

Impressum
Verlag: BABADADA GmbH, Nedderfeld 112 , 22529 Hamburg
Geschäftsführer / Verlagsleitung: Harald Hof
Druck: Books on Demand GmbH, In de Tarpen 42, 22848 Norderstedt

Imprint
Publisher: BABADADA GmbH, Nedderfeld 112 , 22529 Hamburg, Germany
Managing Director / Publishing direction: Harald Hof
Print: Books on Demand GmbH, In de Tarpen 42, 22848 Norderstedt

scuola

sukuu

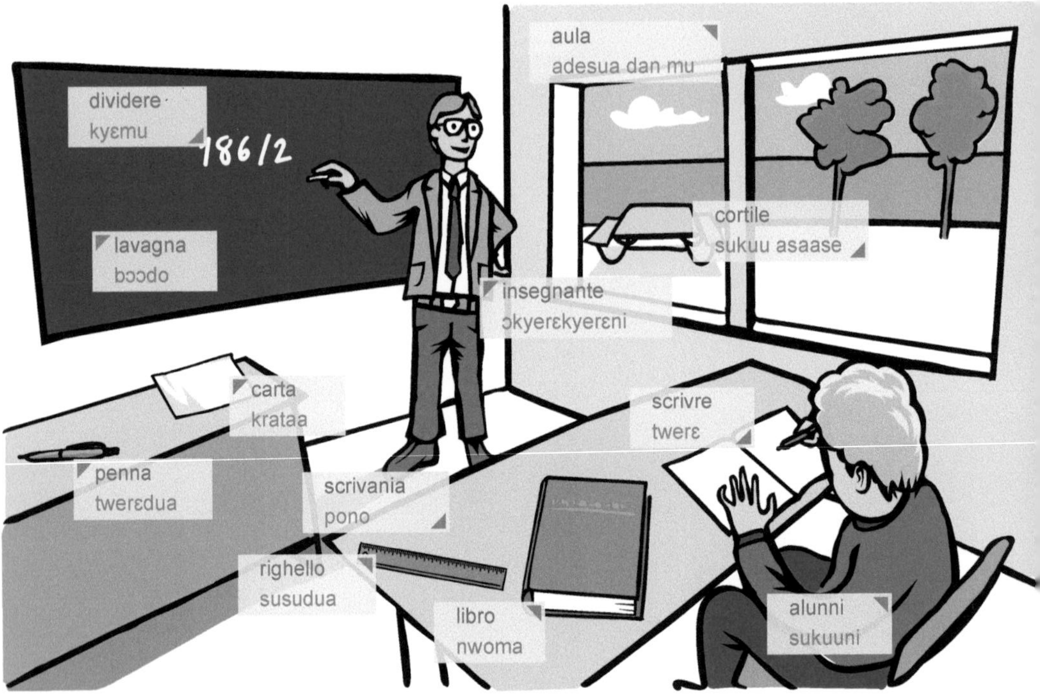

aula
adesua dan mu
dividere
kyɛmu
186/2
cortile
sukuu asaase
lavagna
bɔɔdo
insegnante
ɔkyerɛkyerɛni
carta
krataa
scrivre
twerɛ
penna
twerɛdua
scrivania
pono
righello
susudua
libro
nwoma
alunni
sukuuni

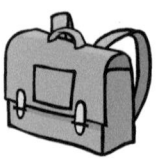

cartella

baage

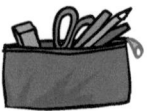

portapenne

adeɛ wɔde twerɛdua hyɛ mu

matita

twerɛdua

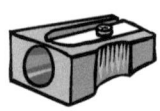

temperino

adea wɔde sensene twerɛdua ano

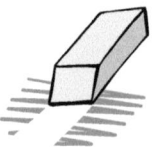

gomma

rɔba

blocco da disegno

drɔɔwin nkrataa

disegno

drɔɔwin

pennelli

adeɛ a wɔde bɔ akaadoo mu

scatola dei colori

akaadoo adaka

forbici

apasoɔ

colla

aduro a wɔde sɔ nnooma bɔ mu

libro degli esercizi

krataa wɔyɛ dwumadie wɔ mu

compiti

efie adwuma

numero

nɔma

addizionare

ka bom

sottrarre

te frim

moltiplicare

fabaho

calcolare

bo ho nkonta

lettera

atwerɛdeɛ

alfabeto

atwerɛdeɛ

parola

asɛm

testo

atwerɛ

leggere

kan

gesso

chalk

lezione

adesua

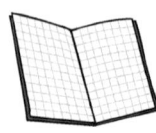

registro

krataa a din ahodoɔ wɔ mu

esame

nsɔhwɛ

pagella

nimdeɛ krataa

uniforme

sukuu ataadeɛ

istruzione

adesua

enciclopedia

encyclopedia

università

suapon kɛseɛ

microscopio

afidie a wɔde hwɛ adeɛ
aniwa ntumi nhunu

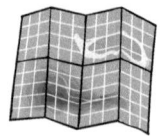

cartina

asaase mfonin a ɛwɔ krataa
so

cestino

kɛntɛn a wɔde krataa na ayɛ
a wɔde nwura gu mu

viaggio
akwantuo

hotel
ahomegyebea
Grand
ostello
atenaeɛ
ROOMS
uffico di cambio
baabi aa yɛsesa
valigia
baage a wɔde nnoɔma gu mu
automobile
kaa

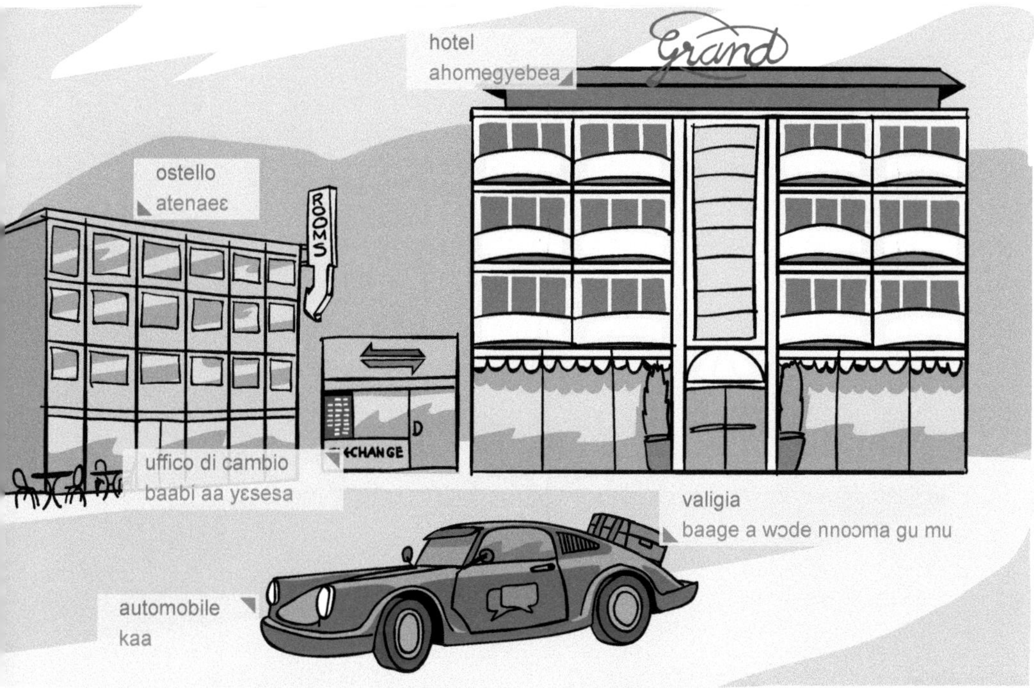

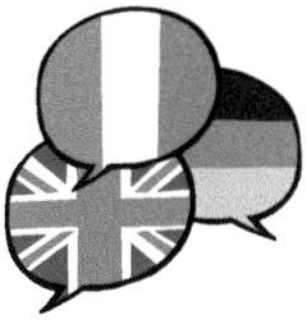

Lingua
kasa

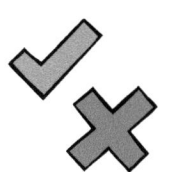

sì / no
aane / daabi

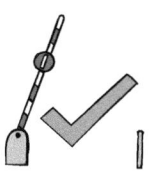

okay
Yoo

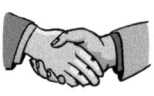

ciao
hɛlo

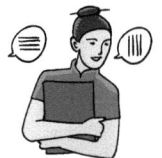

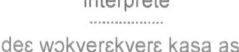

interprete
deɛ wɔkyerɛkyerɛ kasa ase

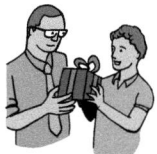

Grazie
Medaase

Quanto costa…?
... ɛyɛ sɛn?

Non capisco
Menteaseɛ

problema
ɔhaw

buona sera
Maadwo!

Buongiorno!
Maakye!

Buonanotte!
Da yie!

arrivederci
nante yie

direzione
akwankyerɛ

bagagli
nnɔɔma a wɔde tu kwan

borsa
kɔtɔkuo

zaino
baage a yɛde bɔ yakyi

ospite
ɔhɔhoɔ

camera
danmu

sacco a pelo
bag a yɛda mu

tenda
ntomadan

Informazioni

adesrafoɔ nsɛm

spiaggia

po ano

carta di credito

krɛdit kaade

colazione

anopa aduane

pranzo

awia aduane

cena

anwumerɛ aduane

biglietto

tikiti

ascensore

pagya

francobollo

agyinahyɛdeɛ

confine

ɛhyeɛ

dogana

adwumayɛfoɔ a wɔgyina
aman mmienu hyeɛ so

ambasciata

ɔman bi asoeɛ

visto

akwantuo krataa

passaporto

akwantuo krataa

trasporto
ɛhyɛn

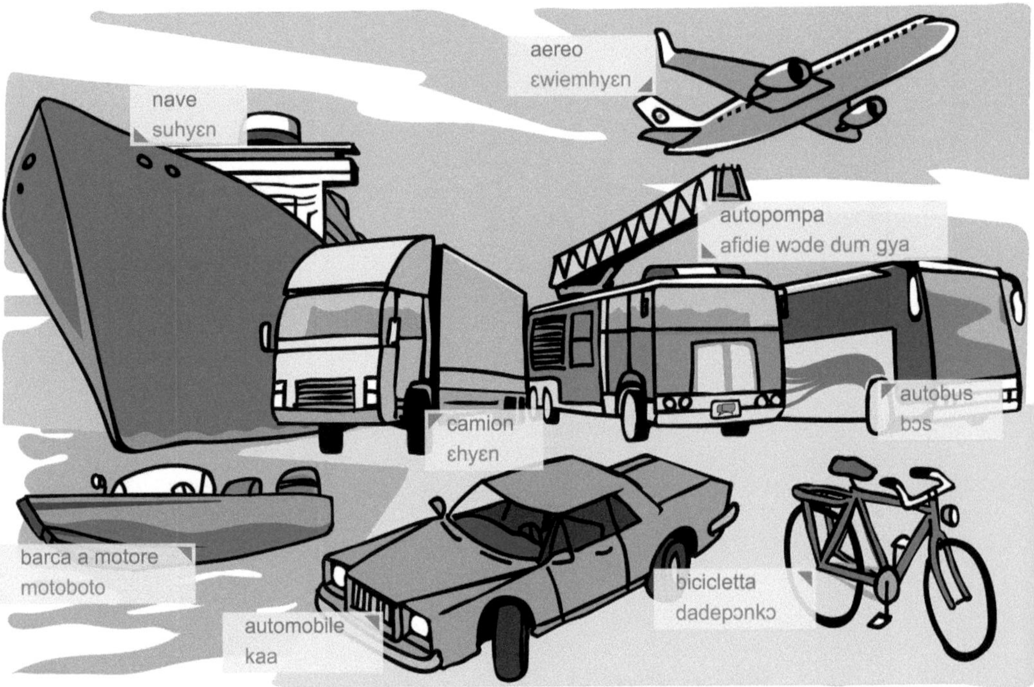
aereo
ɛwiemhyɛn
nave
suhyɛn
autopompa
afidie wɔde dum gya
autobus
bɔs
camion
ɛhyɛn
barca a motore
motoboto
bicicletta
dadepɔnkɔ
automobile
kaa

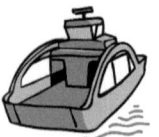

traghetto

subonto

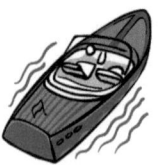

barca

suhyɛn

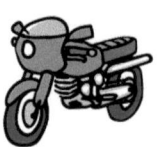

motocicletta

dadepɔnkɔ

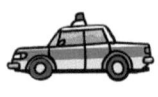

auto della polizia

apolisifoɔ kaa

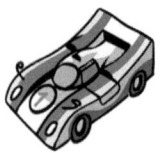

auto da corsa

kaa a wɔde si akan

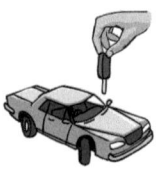

auto a noleggio

hyɛn aa yɛ hain

carsharing

kaa a wɔde ma obi de di dwuma

carro attrezzi

kaa a wɔde twe ɛhyɛn a asɛe

camion della nettezza urbana

bɔɔla kaa

motore

moto

benzina

ngo

benzinaio

beaɛ a wɔtɔn pɛtro

cartello stradale

trafik ahyɛnsodeɛ

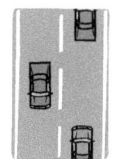

traffico

trafik

ingorgo

ɛhyɛn ntumi nkɔ ntɛm

parcheggio

kaa gyinabea

stazione

keteke steshin

binari

ketekye kwan

treno

ketekye

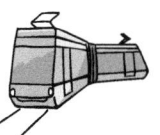

tram

ketekye

vagone

afidie a wɔtena mu wɔ wiem tu kwan

elicottero

ewiemhyɛn

aeroporto

dadeɛanoma gyinabea

torre di controllo

dan tentene

passeggero

obi a wɔforo hyɛn

container

adaka

cartone

adaka

carretto

teaseɛnam

cestino

kɛntɛn

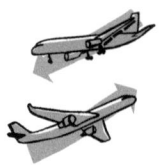

decollare / atterrare

tu / si fam

città

kuropɔn

paese

akurase

centro

kuropɔn hyiabea

casa

efie

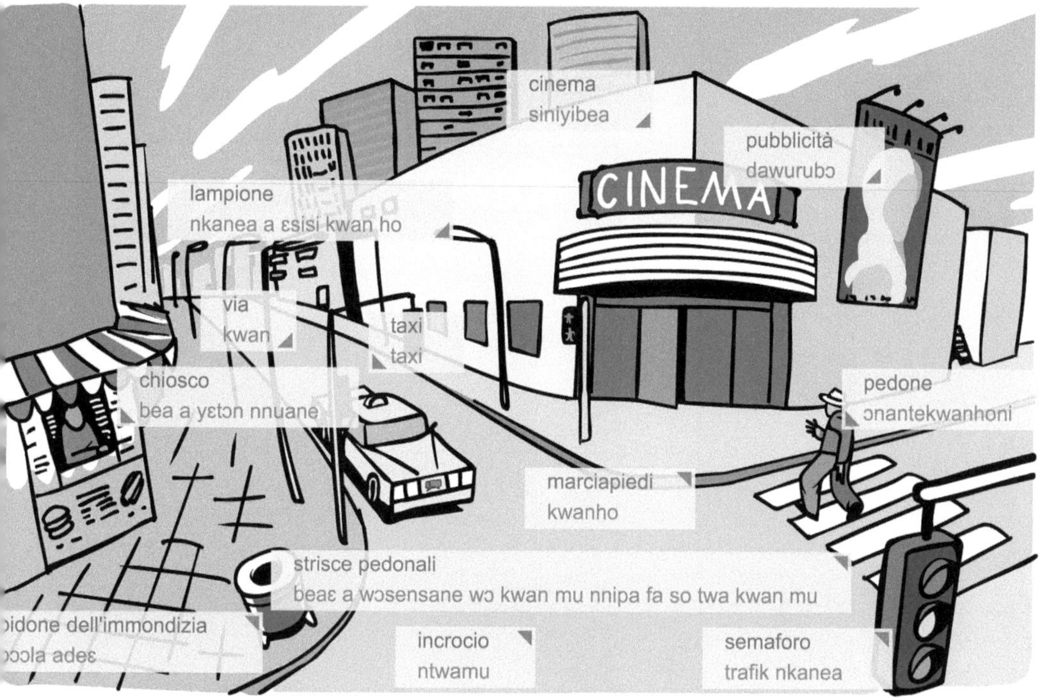
cinema
siniyibea
pubblicità
dawurubɔ
CINEMA
lampione
nkanea a ɛsisi kwan ho
via
kwan
taxi
taxi
chiosco
bea a yɛtɔn nnuane
pedone
ɔnantekwanhoni
marciapiedi
kwanho
strisce pedonali
beaɛ a wɔsensane wɔ kwan mu nnipa fa so twa kwan mu
idone dell'immondizia
ɔɔla adeɛ
incrocio
ntwamu
semaforo
trafik nkanea

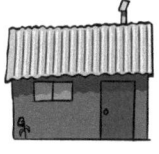

capanna

ntaabodan

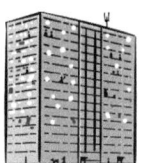

appartamento

tenabea

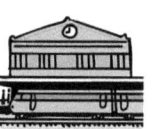

stazione

keteke steshin

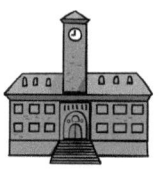

municipio

kurom nhyiadanmu

MUSEUM

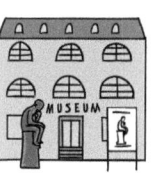

museo

mesiɔm

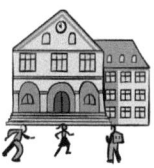

scuola

sukuu

università

suapon kɛseɛ

banca

sikakorabea

ospedale

asopiti

hotel

ahomegyebea

farmacia

beaɛ a wɔtɔn nnuro

uffico

ɔfise

libreria

beaɛ a wɔtɔn nwoma

negozio

beaɛ a wɔtɔn adeɛ

fioraio

nhwiren kuani

supermercato

dwakɛseɛmu

mercato

dwamu

grande magazzino

asoeɛ sotɔɔ

pescheria

nnam tɔnfo

centro commerciale

adetɔ beae

porto

suhyɛn gyinabea

parco

agodibea

panchina

akonnwa

ponte

nsamsɔɔ

scale

adeɛ wɔee foro aborosan

metropolitana

asaasease

galleria

tɔkuro a w'atu no asaase
mu de ayɛ kwan

fermata dell'autobus

ɛhyɛn gyinabea

bar

nsanombea

ristorante

adidibea

cassetta delle lettere

krataa adaka

segnale stradale

kwan ahyɛnsodeɛ

parchimetro

kaagyinaho meta

zoo

mmoakurabea

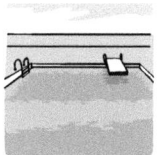

piscina

nsuo a wɔdware mu

moschea

masalakyi

fattoria

afuo

inquinamento

ewiem sɛeɛ

cimitero

nsamanpɔ mu

chiesa

asore

parco giochi

agodibea

tempio

hyiadan

paesaggio

asaase

foglia
ahaban

cartello
akyerɛkyerɛkwan

strada
kwan

prato
sare asaase

pietra
boba

albero
dua

escursionista
pipo so foronii

fiume
asubɔntene

erba
nsensan

fiore
nhwiren

valle

ɛbɔn

collina

bepɔ

lago

sutadeɛ

bosco

kwaeɛ

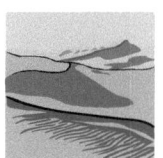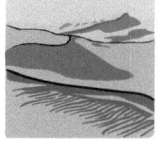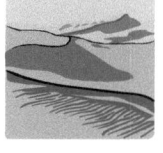

deserto

ɛserɛ so

vulcano

egya a ɛfiri bepɔ mu ba

castello

ahenfie

arcobaleno

nyankontɔn

fungo

mmire

palma

abɛdua

zanzara

ntontom

mosca

wasena

formica

ntatea

ape

wowa

ragno

ananse

coleottero

kukurubibi

rana

apɔnkyerɛnee

scoiattolo

opuro

riccio

kotoko

coniglio

adanko

civetta

patuo

uccello

anomaa

cigno

dabodabo

cinghiale

kɔkɔte

cervo

wansane

alce

torɔm

diga di sbarramento

sutadeɛ

turbina eolica

mframa tɛɛbain

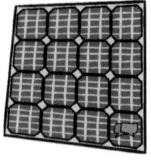

pannello solare

adeɛ ɛtwe anyinam ahoden
firi awia mu

clima

ewiem

paesaggio - asaase

ristorante

adidibea

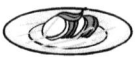

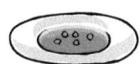

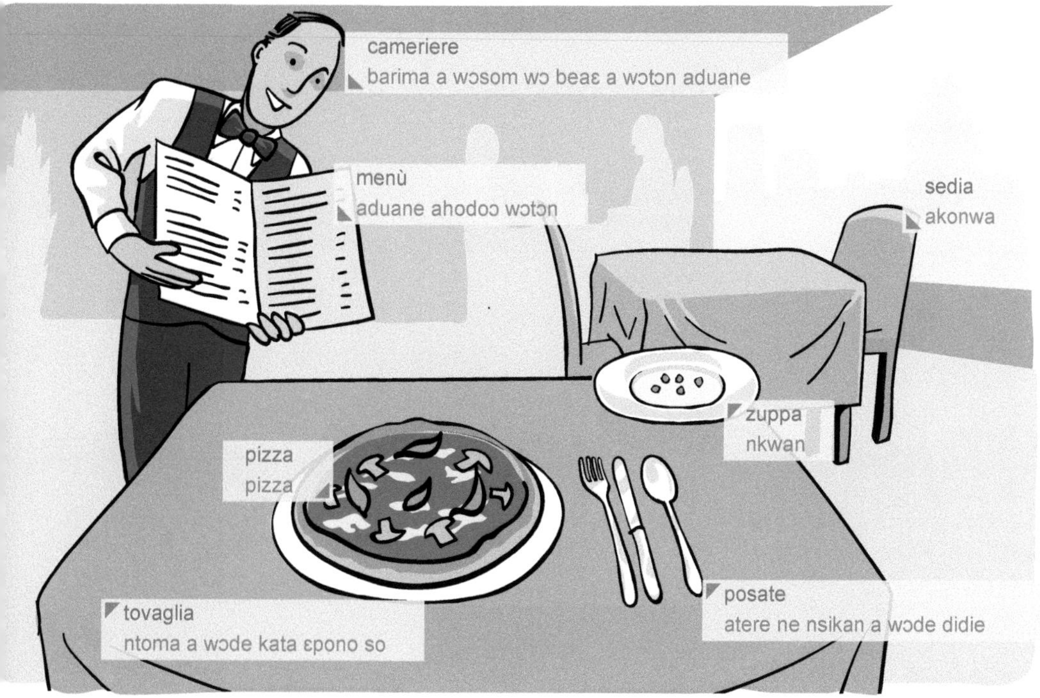
cameriere
barima a wɔsom wɔ beaɛ a wɔtɔn aduane
menù
aduane ahodoɔ wɔtɔn
sedia
akonwa
zuppa
nkwan
pizza
pizza
tovaglia
ntoma a wɔde kata ɛpono so
posate
atere ne nsikan a wɔde didie

antipasto

ahyɛaseɛ

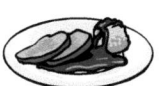

piatto principale

aduane titriw

dessert

nnɔkɔnnɔkwade

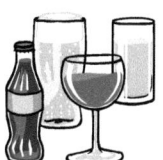

bevande

nsa

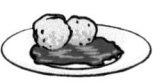

cibo

aduane

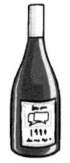

bottiglia

toa

fast food

aduane wɔyɛ no ɔhare so

cibo di strada

aduana a ɛyɛ kwan ho

teiera

tea kukuo

zuccheriera

asikyire kyɛnsen

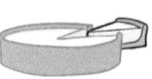

porzione

fa

macchina del caffè

espresso afidie

seggiolone

akonwa tenten

fattura

ka krataa

vassoio

apanpan

coltello

sikanmoa

forchetta

adinam

cucchiaio

atere

cucchiaino da tè

tea atere

tovagliolo

ntoma a wɔde sɛ pono so

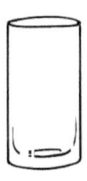

bicchiere

ahwehwɛ

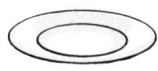

piatto

plɛɛte

piatto fondo

nkwan plɛɛte

piattino

plɛte ketewa

salsa

frɔyɛ

saliera

nkyene kukuo

macinino da pepe

adeɛ a wɔde twi mako

aceto

vinegar

olio

anwa

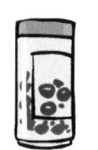

spezie

atosodeɛ

ketch up

ketchup

senape

sinapi aba

maionese

mayonis

supermercato
dwakɛseɛmu

offerta
akwanya soronko
FOR
cliente
obi a wɔtɔ wadeɛ
latticini
milikyi nnuane
frutta
nnuaba
tɔ adeɛ pia berɛ a wɔretɔ adeɛ

BUTCHERS

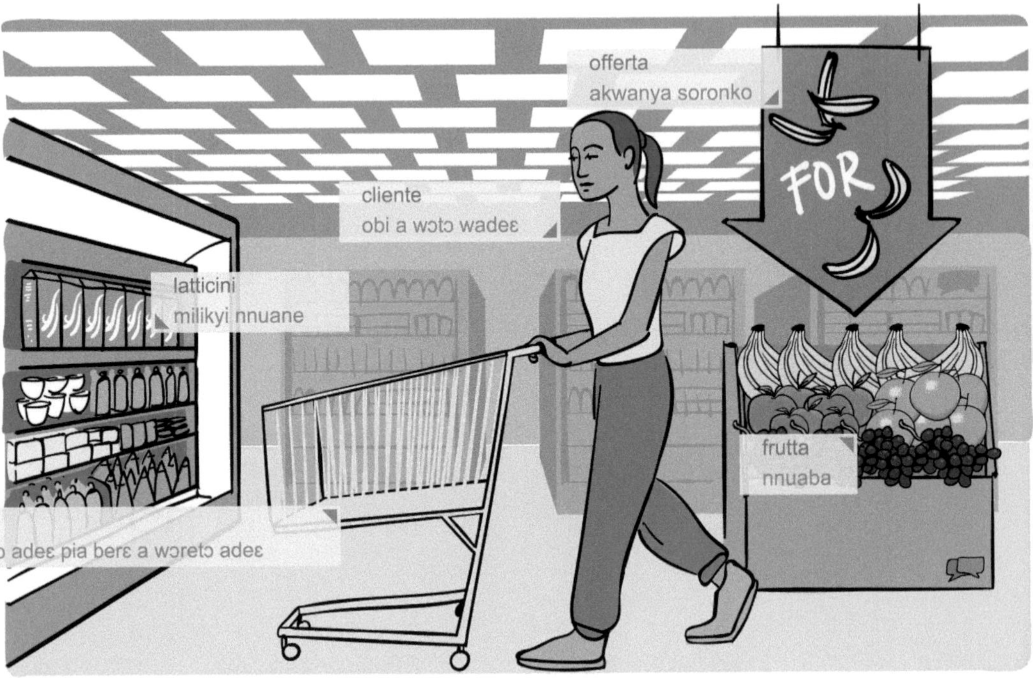

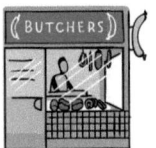

macelleria

nnamtwafo

BAKERY

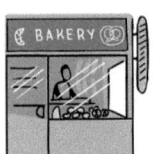

panetteria

brodotofo

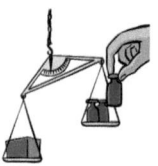

pesare

susu

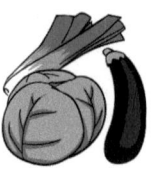

verdura

atosodeɛ

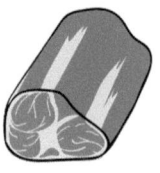

carne

nnam

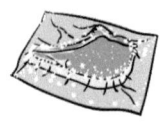

surgelati

aduane a wɔde ahyɛ sukɔtwea adaka mu

affettato
nnam a yɛy nwunu

conserve
nnuane a ɛwɔ konku mu

detersivo
aduro a wɔde si nnɔɔma

dolciumi
adɔkɔkɔdɔkɔdeɛ

casalinghi
efie nnɔɔma

detersivo
nnuro a wɔde hohoro
nnɔɔma ho

commessa
adetɔni

cassa
adeɛ a wɔgye sika de gu mu

cassiere
obi a wɔhwɛ sika so

lista della spesa
nnɔɔma a wobɛtɔ

orari d'apertura
mmerɛ a ɔmo de bue

portafoglio
kɔtɔkuo

carta di credito
krɛdit kaade

sacchetto
botɔ

sacchetto di plastica
rɔba botɔ

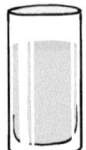

acqua

nsuo

succo di frutta

aduaba mu nsuo

latte

milikyi

coca-cola

coke

vino

nsa

birra

beer

alcol

nsaden

cacao

kookoo

tè

tea

caffè

kɔfe

espresso

espresso

cappuccino

cappuccino

banana

kwadu

mela

aprɛ

arancio

akutuo

melone

mɛlɔn

limone

akutuo

carota

karɔt

aglio

galeke

bambù

mpampuro

cipolla

gyeene

fungo

mmire

noci

nkateɛ

pasta

talia

spaghetti

talia

riso

ɛmo

insalata

salad

patatine fritte

kyips

patatine fritte

aborodwomaa w'akye

pizza

pizza

hamburger

hamburger

sandwich

sandwiɔh

cotoletta

ntwetwade

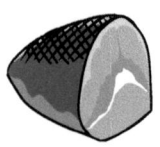

prosciutto

prɛko nam

salame

salami

salsiccia

sɔsegye

pollo

akokɔnam

arrosto

toto

pesce

nsuomunam

fiocchi di avena

oats koko

muesli

muesli

corn flakes

cornflakes

farina

esam

croissant

croissant

panino

brodo a yabobɔ

pane

brodo

toast

ho

biscotti

biskit

burro

bɔta

quark

koko

torta

ɔfam

uovo

kosua

uovo al tegamino

kosua a yakye

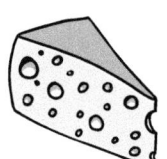

formaggio

kyeese

gelato

ise krim

zucchero

asikyire

miele

ɛwoɔ

marmellata

ɛam

crema gianduia

kyɔkolate a wɔde yɛ aduane
mu

curry

kɔri

fattoria
afuo

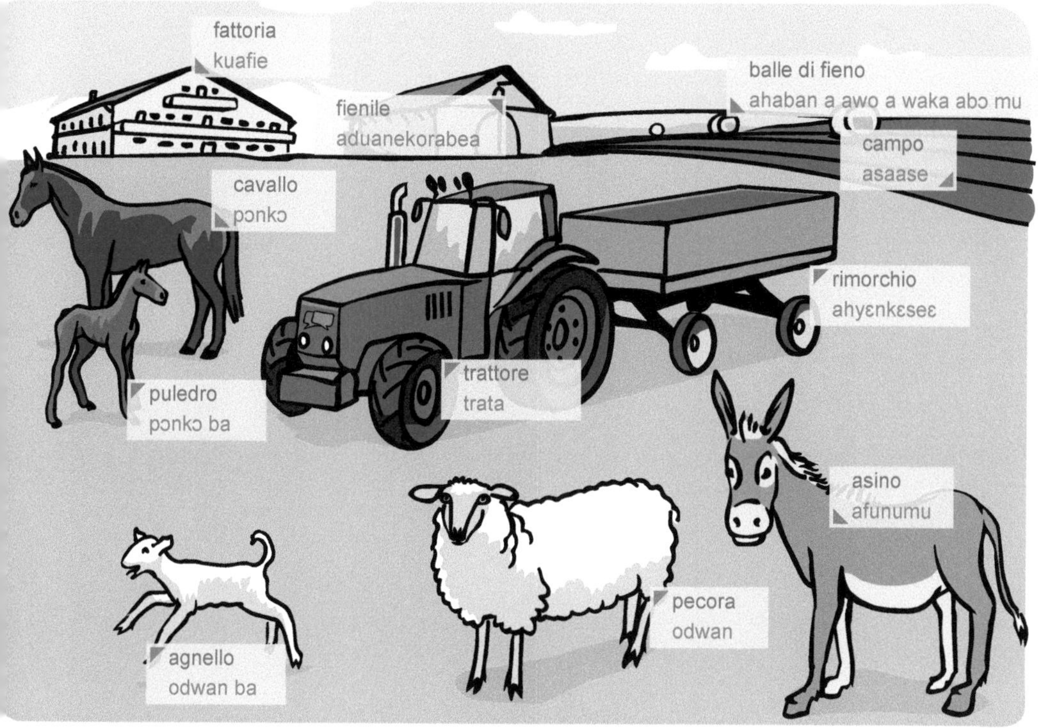

fattoria
kuafie
fienile
aduanekorabea
balle di fieno
ahaban a awo a waka abɔ mu
campo
asaase
cavallo
pɔnkɔ
rimorchio
ahyɛnkɛseɛ
trattore
trata
puledro
pɔnkɔ ba
asino
afunumu
pecora
odwan
agnello
odwan ba

capra

aponkye

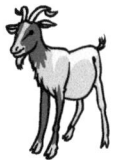

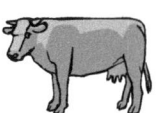

mucca

nantwie

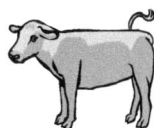

vitello

nantwie ba

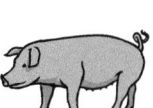

maiale

prɛko

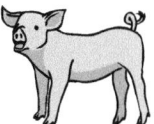

porcellino

prɛko ba

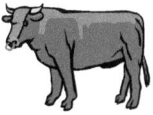

toro

nantwinini

oca

dabodabo

anatra

dabodabo

pulcino

akokɔba

gallina

akokɔbedeɛ

gallo

akokɔnini

ratto

akura

gatto

agyinamoa

topo

akura

bue

nantwi

cane

ɔkraman

cuccia

kramanfie

tubo d'irrigazione

drobɛn a wɔde nsuo fa mu
gugu nnɔɔma so

annaffiatoio

toa wɔde nsuo gu mu de
gugu nnɔɔma so

falce

kantankrankyi

aratro

afidie a wɔde funtum
asaase ani

falce

sɔsɔwa

zappa

asɔ

forcone

fɔɔki kɛseɛ

accetta

akuma

cariola

hweebaro

trogolo

adea mmoa didi mu

contenitore del latte

milikyi konku

sacco

kotoku

recinto

ɛban

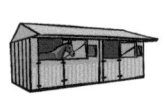

stalla

mmoa dan

serra

nnuaba dan mu

terreno

anwea

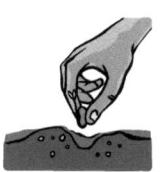

semina

aba

fertilizzante

nnuro a wɔde gu mfudeɛ ho

trebbiatrice

nnuanetwa kaa kɛse

raccogliere

twa

raccolto

mfudeɛ

igname

bayerɛ

frumento

ayuo

soia

soya

patate

aborɔdwomaa

mais

aburo

colza

rapedua aba

albero da frutta

aduaba dua

manioca

bankye

cereali

aburo aduane

camino
εdan a wisie firi n'apampam ba

tetto
εdan mmɔsoɔ

grondaia
drobεn a nsuo fa mu

finestra
mpoma

garage
εdan a wɔkora k(...)

campanello
adɔma a εsεn εpono ano

porta
εpono

cestino die rifiuti
adeε a wɔde bɔɔla gu mu

cassetta delle lettere
krataa adaka

giardino
turo

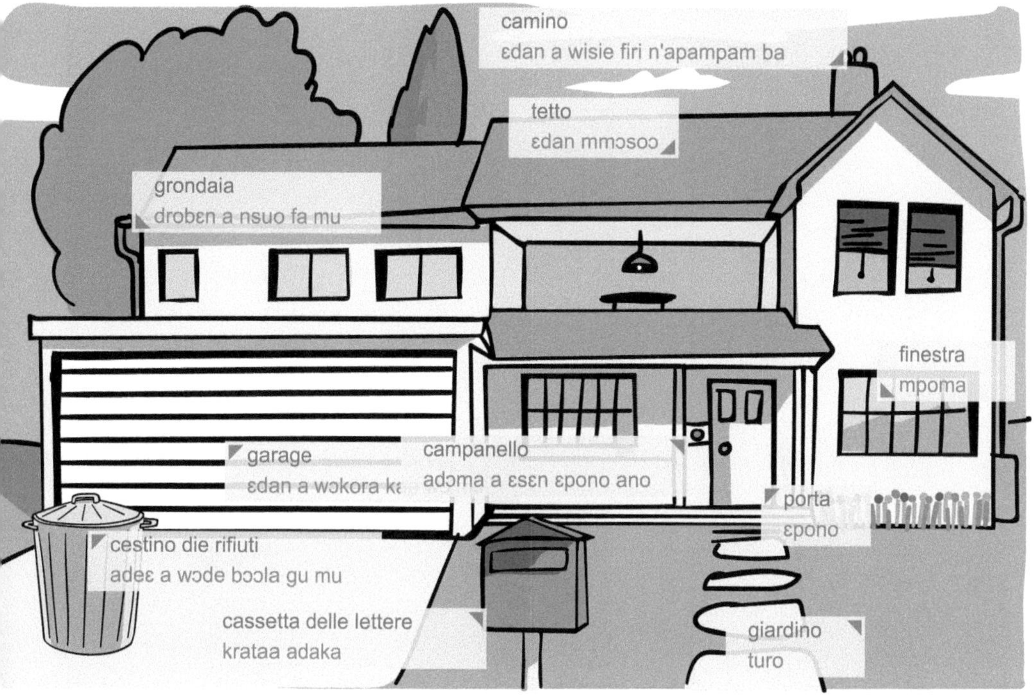

soggiorno
εdan a wɔtena mu

bagno
adwareε

cucina
gyaade

camera da letto
piam

stanza dei bambini
abɔfra dan mu

sala da pranzo
εdan a wɔdidi wɔ mu

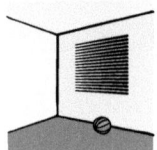

pavimento

fam

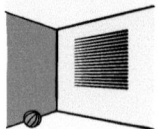

parete

ɛban

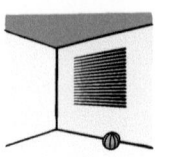

coperta

siilin

cantina

ɛdan a ɛhyɛ fam

sauna

beaɛ a wɔkɔto hyew

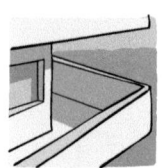

balcone

pɔɔkye

terrazza

asaase a wafuntum na
wɔde dua nnɔbaeɛ

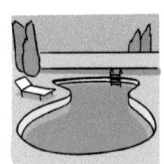

piscina

nsuo a wɔdware mu

tosaerba

afidie a wɔde dɔ

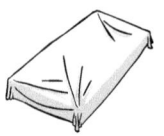

lenzuola

krataa

coperta

nnasoɔ

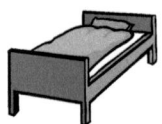

letto

mpa

scopa

praeɛ

cestino

bɔkiti

interruttore

deɛ wɔde sɔ kanea

soggiorno

ɛdan a wɔtena mu

tappezzeria
mfonin a wɔde fam dan ho
foto
mfoni
lampada
kanea
scaffale
beaɛ wɔkora nwoma
armadio
kɔbɔd
televisore
tɛlɛfishin
camino
beaɛ egya wɔ
fiore
nhwiren
cuscino
kushin
divano
akonwa
vaso
nhwiren toa
telecomando
remotu

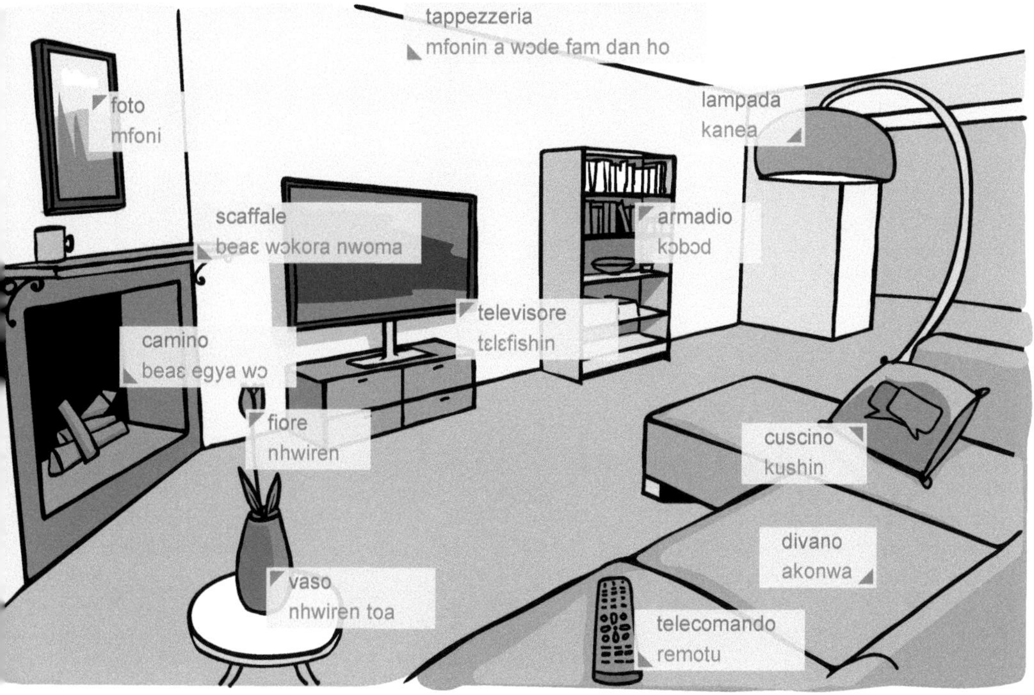

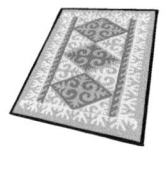

tappeto

kapɛt

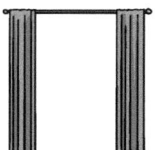

tenda

kɛtin

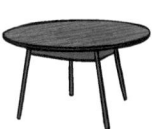

tavolo

pono

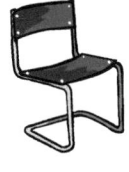

sedia

akonwa

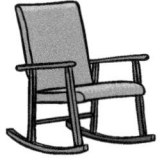

sedia a dondolo

akonwa aa ɛkɔ anim ne akyi

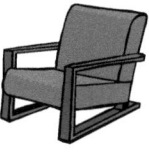

poltrona

nsaakonwa

libro

nwoma

coperta

kuntu

decorazione

beaɛ asiesie

legna da ardere

egya

film

mfoni

impianto stereo

hi-fi afidie

chiavi

safoa

quotidiano

dawurubɔ krataa

dipinto

akaado

poster

mfoni

radio

akasanoma

taccuino

nwoma a wɔtwerɛ nsɛmpɔ
gu mu

aspirapolvere

afidie a wɔde pra mfuturo

cactus

cactus

candela

kandele

cucina

gyaade

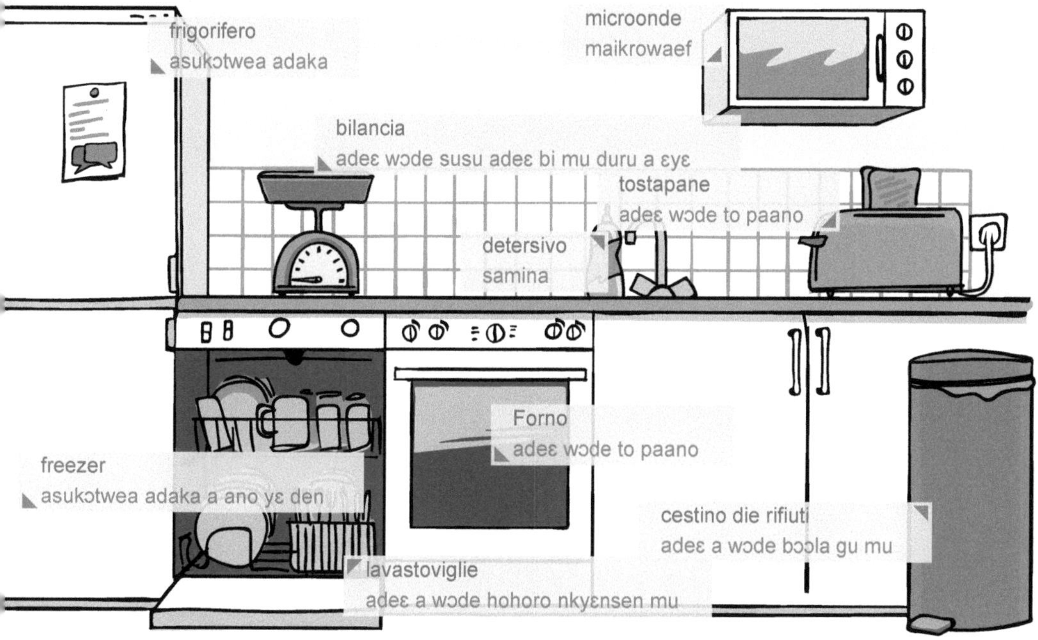

frigorifero
asukɔtwea adaka
microonde
maikrowaef
bilancia
adeɛ wɔde susu adeɛ bi mu duru a ɛyɛ
tostapane
adeɛ wɔde to paano
detersivo
samina
Forno
adeɛ wɔde to paano
freezer
asukɔtwea adaka a ano yɛ den
cestino die rifiuti
adeɛ a wɔde bɔɔla gu mu
lavastoviglie
adeɛ a wɔde hohoro nkyɛnsen mu

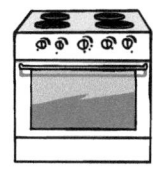

fornello

adeɛ a wɔde noa aduane

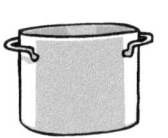

pentola

kukuo

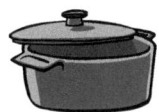

padella di ferro

dadesɛn

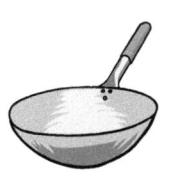

wok / kadai

wok / kadai

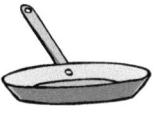

padella di ferro

pan

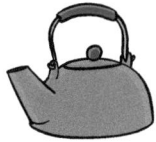

bollitore per l'acqua

adeɛ wɔde noa nsuo

Forno a vapore

nea yɛde ka aduane hye

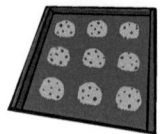

teglia

adeɛ woto so paano

stoviglie

nkyɛnsen a wɔdidi mu

tazza

kuruwa

buccia

kyɛnsen

bacchette

nnua a wɔde didie

mestolo

kwantere

paletta da cucina

atere

frusta

adeɛ wɔde nu adeɛ mu

scolapasta

sɔneɛ

setaccio

sɔneɛ

grattuggia formaggio

adeɛ a wɔde twi adeɛ

mortaio

waduro

barbecue

adeɛ a wɔde toto nam

focolare

egya a biribiara mmɔ ho
ban

tagliere

adeɛ a wɔtwitwa so nnooma

mattarello

adea wɔde twi nnooma

cavatappi

adeɛ a wɔde tu toa ano

lattina

konku

apriscatole

adeɛ wɔde bie konku so

presina

nea yɛde sɔ kukuo mu

lavandino

adeɛ a wɔhohoro nkyɛnse
wɔ mu

spazzola

adeɛ a wɔde twitwi

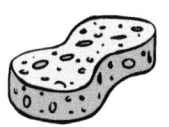

spugna

sapɔ

frullatore

afidie wɔde yam nnuane

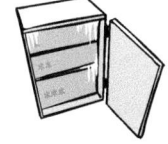

congelatore

asukɔtwea adaka a ano yɛ
den

biberon

abɔfra toa

rubinetto

nsuo

bagno

adwareɛ

riscaldamento
reka no hye
asciugamani
taworo
doccia
adwareɛ
tendina da doccia
adwareɛ twamutam
bagnoschiuma
redware wɔ ahuro mu
vasca
adeɛ wɔda mu de dware
bicchiere
ahwehwɛ
lavatrice
afidie a wɔde si nnoɔma
rubinetto
nsuo
piastrelle
tiles
vasino
kuruwaba
lavandino
adeɛ a wɔhohoro nkyɛnse wɔ mu

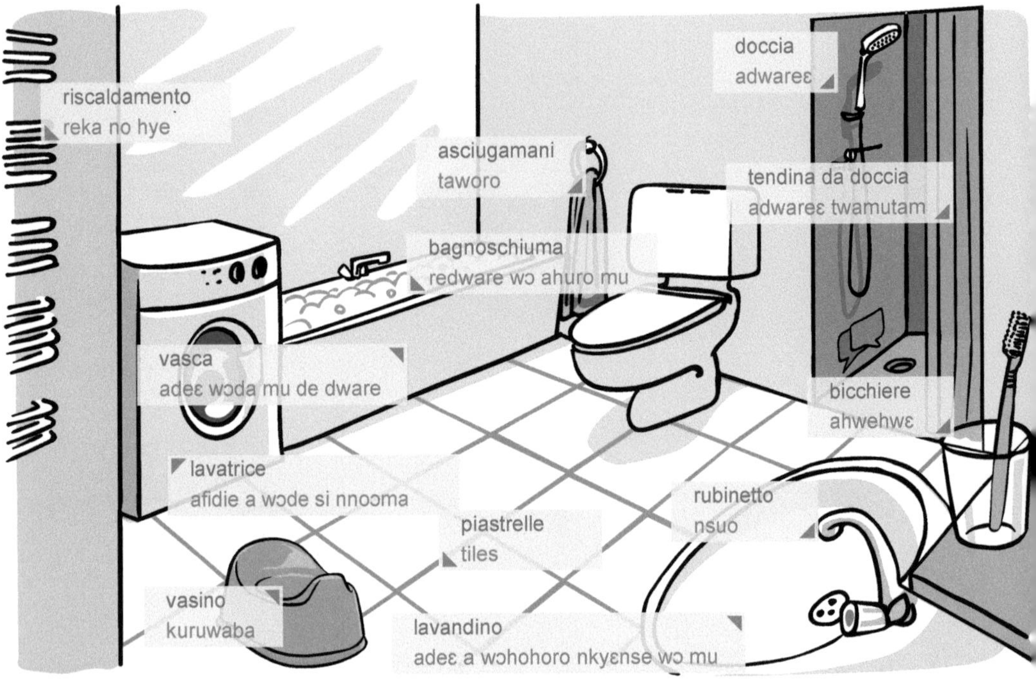

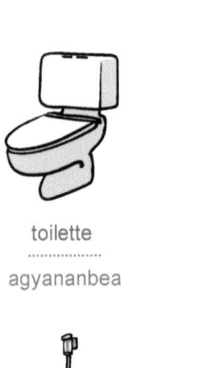

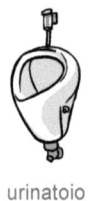

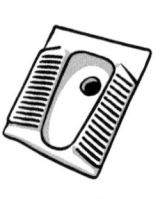

toilette

agyananbea

urinatoio turco

agyananbea a wɔkotoso

bidet

bidet

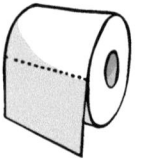

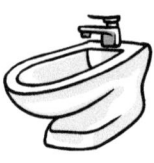

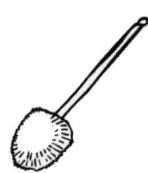

urinatoio

dwonsɔbea

carta igienica

tiafi krataa

spazzola da water

adeɛ a wɔde twitwi agyanbea

spazzolino da denti

adeɛ wɔde twitwiri ɛse

dentifricio

aduro wɔde twitwiri ɛse

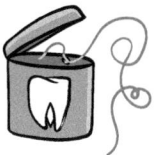

filo interdentale

adeɛ wɔde yiyi ɛse ntam

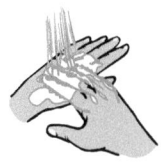

lavare

si

doccetta

adeɛ wɔsɔ mu de dware

doccia intima

adeɛ nsuo fa mu na wɔde
hohoro mmaa ase

bacinella

adeɛ wɔsi nnooma wɔ mu

spazzola da bagno

adeɛ wɔde twitwi yakyi

sapone

samina

gel da doccia

adwareɛ samina

shampoo

deɛ wɔde hohoro tirinwii mu

manopola

ntoma wɔde asaawa na ayɛ

scarico

nsuokwan

crema

nkuu

deodorante

aduro a wɔde fa mmɔtoamu

specchio

ahwehwɛ

specchio

ahwehwɛ kumaa

rasoio

yiwan

schiuma da barba

aduro a wɔde yi

dopobarba

aduro a wɔde sera beaɛ
wayi

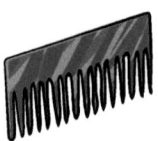

pettine

afe

spazzola

brɔsh

fon

afidie a wɔde ka nwii ma no
wo

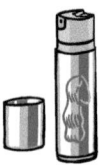

lacca

adeɛ wɔde aduro gu mu de
gu nwii so

make up

adeɛ wɔde yɛn wɔn anim

rossetto

adeɛ wɔde keka ano

smalto

aduro a wɔde ka mmɔwerɛ
so

ovatta

asaawa

forbice per unghie

apasoɔ a wɔde twitwa
mmɔwerɛ

profumo

aduham

borsetta da bagno

baage a wɔde nnooma gu
mu wɔ adwareɛ

sgabello

akonwa

bilancia

afidie a wɔde susu adeɛ bi
mu duro

accappatoio

ataadeɛ wɔhyɛ berɛ a
worekɔdware

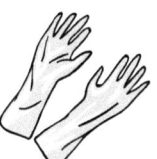

guanti

adeɛ wɔde hyɛ wɔn nsa a
wɔde rɔba na ayɛ

assorbente

adeɛ wɔde twe nsuo firi
pirakuro mu

assorbenti

deɛ mmaa de siesie wɔn ho
berɛ wɔn abu wɔn nsa

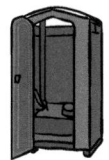

bagno chimico

agyananbea a wɔde nnuro
kora

stanza dei bambini

abɔfra dan mu

sveglia
berɛkyerɛfoɔ a ɛtumi yɛ dede
peluche
agodiaba a wɔde to wɔn nkyɛn da
automobilina
kaa agodiaba
sonaglio
akasaa
casa delle bambole
beaɛ a wɔtɔn agodiaba pii
regalo
akyedeɛ

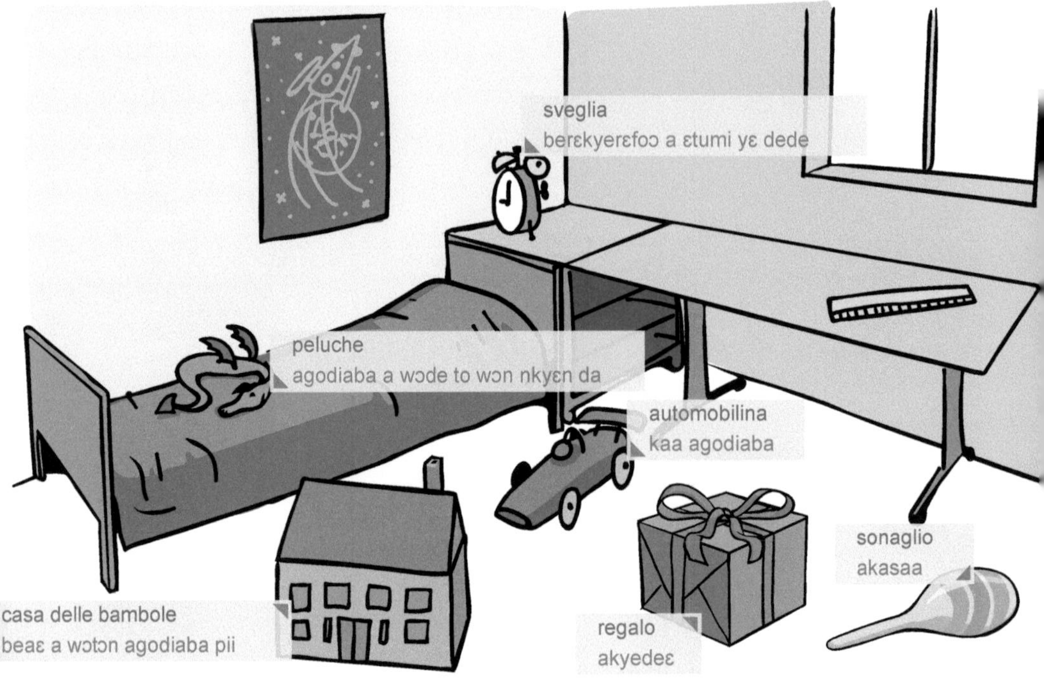

palloncino

baluu

letto

mpa

passeggino

adeɛ a wɔde mmɔfra to mu pia wɔn

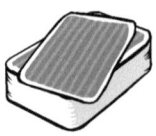

mazzo di carte

nkrataa a ɛhyɛ adaka mu

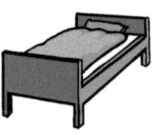

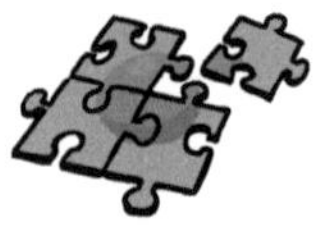

puzzle

mfonin asiniasini a wɔkeka si ani hyehyɛ

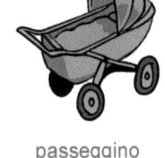

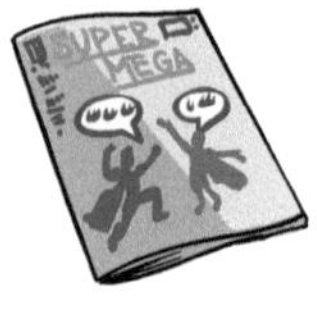

comic

mmɔfra aseresɛm nwoma

lego
lego bricks

mattoncini
bloks a wɔde si dan

action figure
mmɔfra agodiaba

tutina
mmɔfra ataade a wɔayɛ abɔ
mu

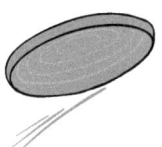

frisbee
frisbee

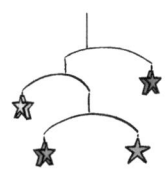

giostrina
agodiaba a wɔde sensɛne
mmɔfra mpa so

gioco da tavolo
agorɔ a ɛwɔ pono so

dadi
ludu aba

trenino
ketekye ketewa

ciuccio
adeɛ a wɔde hyɛ mmɔfra
anumu

festa
apontoɔ

libro illustrato
krataa mfonin wɔ mu

palla
bɔɔlo

bambola
agodiaba

giocare
di agorɔ

sabbiera

adeɛ wɔde anwea agu mu a mmɔfra di mu agorɔ

altalena

adonko

giocattolo

agodiaba

console

afidie abɛɛfo agodie wɔ so a wobɔ

triciclo

dadepɔnkɔ a ne nan yɛ mmiensa

orsetto

sisire agodiaba

guardaroba

wɔdrop

vestiti

ataadeɛ

calzini

adeɛ a wɔhyɛ ansa na wahyɛ mpaboa

calze

ataade tenten a wɔhyɛ wɔ wɔn nan ho

collant

ataadeɛ a ɛkyekyere deɛ wahyɛ no

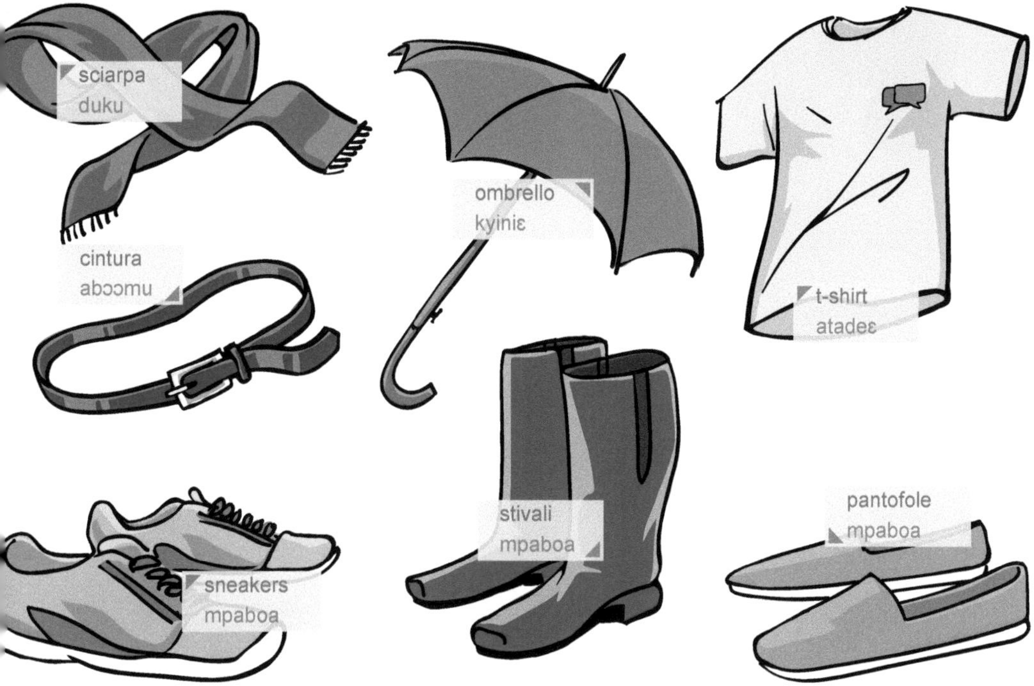

sciarpa
duku

cintura
abɔɔmu

ombrello
kyiniɛ

t-shirt
atadeɛ

stivali
mpaboa

pantofole
mpaboa

sneakers
mpaboa

sandali
mpaboa

scarpe
mpaboa

stivali di gomma
rɔba mpaboa

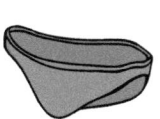

mutande
drɔs

reggiseno
adeɛ mmaa hyɛ de kora
wɔn nufu

canottiera
fɛst

body

nipadua

pantaloni

trɔsa

jeans

gyins

gonna

skɛɛte

camicetta

mmaa ataade soro

camicia

ataadesoro

pullover

swata

felpa

ataadeɛ a ɛkyɛ wɔ mu

giacca

kootu

giacca

ataade ngusoɔ

cappotto

kootu

impermeabile

ataadeɛ wɔhyɛ berɛ nsuo
retɔ

tailleur

ataadehyɛ

abito

ataadeɛ

abito da sposa

ayifrɔ atadeɛ

abito (da uomo)

ataade nkatasoɔ

camicia da notte

ataadeɛ a yɛhyɛ de da

pigiama

pigyamas

sari

sari

foulard

duku

turbante

duku

burka

ataadeɛ Nkramofoɔ mmaa
hyɛ na ɛkata wɔn tiri so de
kɔsi wɔn nan ase

kaftano

kaftan

abaya

abaya

costume da bagno

ataadeɛ a wɔhyɛ de dware
nsuo mu

costume da bagno
(maschile)

nika

pantaloncini

nika

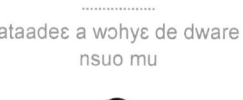

tuta da ginnastica

traksuit

grembiule

ntoma a wɔde kata wɔn
kɔnmu berɛ wɔreyɛ aduane

guanti

adeɛ wɔde hyɛ wɔn nsa

bottone

batin

occhiali

ahwehwɛniwa

braccialetto

adeɛ wɔde to wɔn nsa

collana

kɔnmuade

anello

kawa

orecchino

asomadeɛ

berretto

ɛkyɛ

appendiabiti

adeɛ a wɔde kootu hyɛ so

cappello

ɛkyɛ

cravatta

abɔɔmenemu

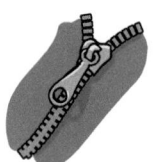

zip

zip

casco

ɛkyɛ a wɔhyɛ de twi
motosakre

bretelle

bresis

uniforme

sukuu ataadeɛ

uniforme

ataadeɛ

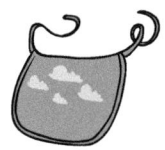

bavaglino

adeɛ a wɔde gu abɔfra kɔn mu berɛ a wɔredidi

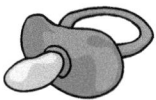

ciuccio

adeɛ a wɔde hyɛ mmɔfra anumu

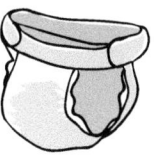

pannolini

moase tam

uffico

ɔfise

server
sɛva
armadio per le pratiche
adaka a yɛde nkrataa hyɛhyɛ mu
stampante
printa
carta
krataa
monitor
mɔnita
mouse
mouse
scrivania
pono
raccoglitore
nwoma a wɔde nkrataa hyehyɛ mu
tastiera
keebɔdo
sedia
akonwa
a na ayɛ a wɔde nwura gu mu
computer
kɔmputa

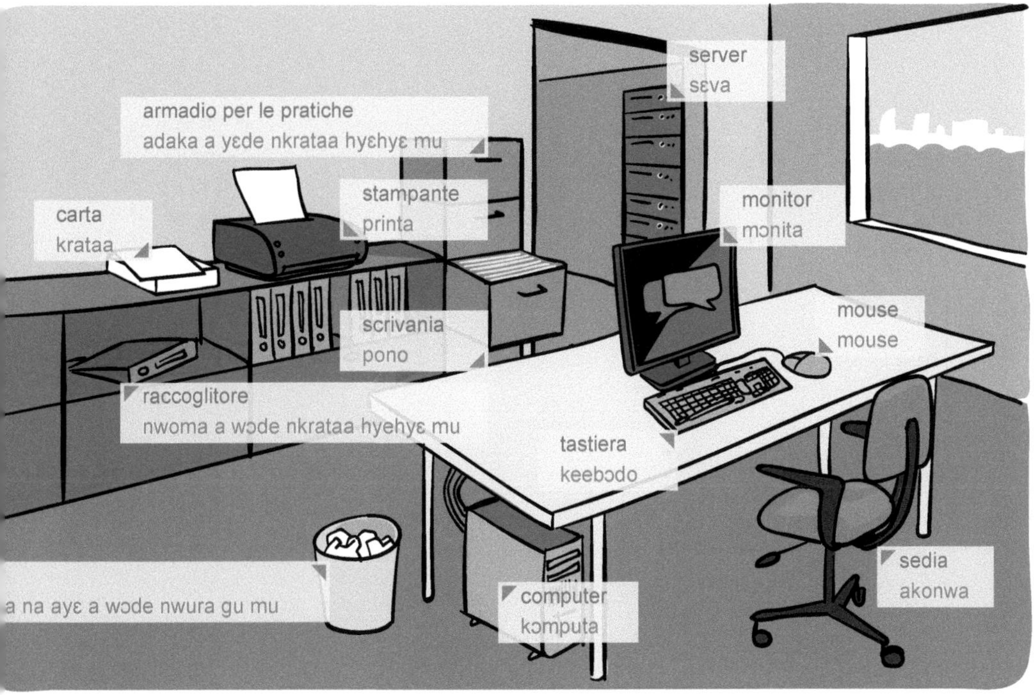

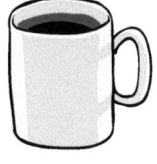

tazza da caffè

kɔfe kuruwa

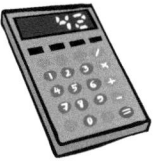

calcolatrice

afidie a wɔde bu nkonta

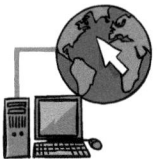

internet

intanɛt

portatile

laptop

lettera

krataa

messaggio

nkratɔɔ

cellulare

mobile

rete

nɛtwɛk

fotocopiatrice

fotokɔpia

software

sɔftwɛɛ

telefono

tetefon

spina

plɔg sɔkɛti

fax

fax afidie

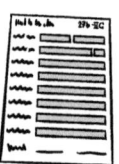

modulo

krataa

documento

krataa

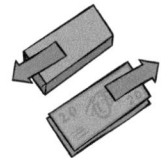

comprare

tɔ

pagare

tua

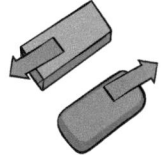

commerciare

tɔn

soldi

sika

USD

dollaro

dollar

EUR

euro

euro

JPY

yen

yen

RUB

rublo

rouble

CHF

franco svizzero

Swiss franc

CNY

renminbi yuan

renminbi yuan

INR

rupia

rupee

bancomat

sikabea

uffico di cambio

baabi aa yɛsesa

oro

sikakɔkɔɔ

argento

dwetɛ

petrolio

ngo

energia

ahoɔden

prezzo

ne boɔ

contratto

nteaseɛ a ɛwɔ krataa so

tassa

ɛtoɔ

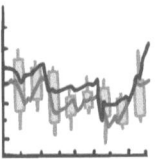

azioni

stock

lavorare

yɛ adwuma

impiegato

odwumayɛni

datore di lavoro

obi a wafa obi adwumamu

fabbrica

afidihyehyɛbea

negozio

beaɛ a wɔtɔn adeɛ

professioni
nnwuma ahodoɔ

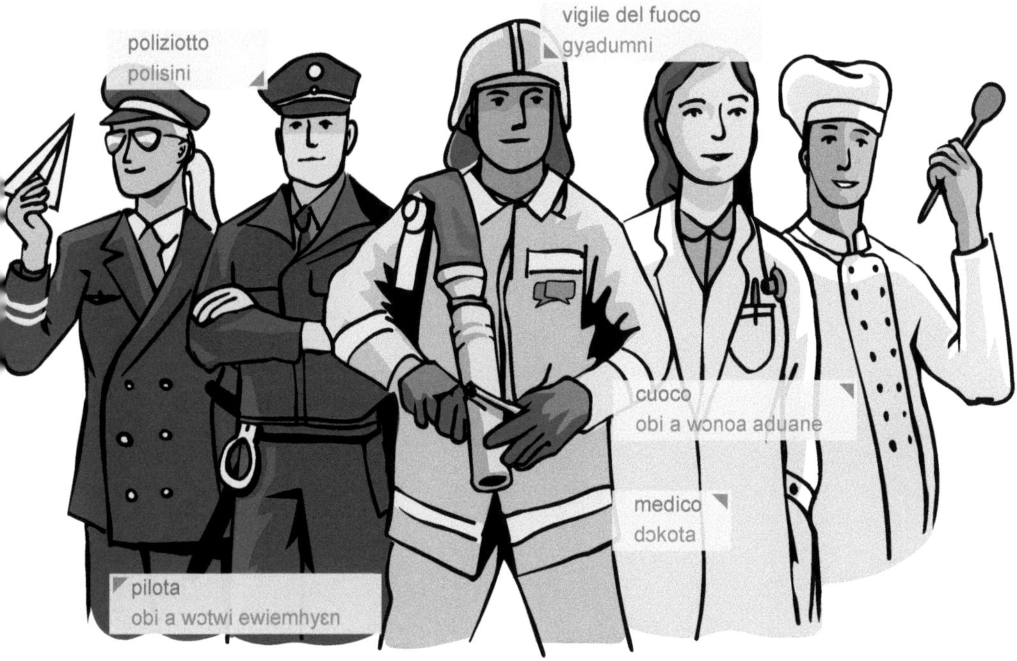
vigile del fuoco
gyadumni
poliziotto
polisini
cuoco
obi a wɔnoa aduane
medico
dɔkota
pilota
obi a wɔtwi ewiemhyɛn

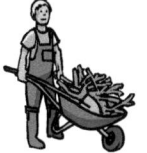

giardiniere

kuani

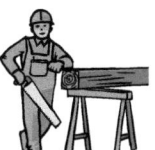

falegname

nnuaseni

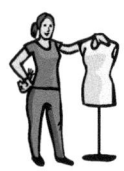

sarta

ɔbaa a wɔpam adeɛ

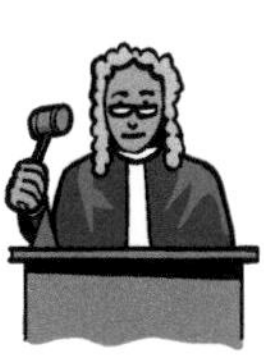

giudice

otɛnmuani

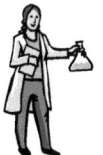

chimico

dufrani

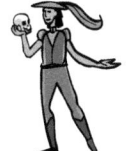

attore

siniyifoɔ

autista dell'autobus

hyɛnkani

tassista

taxi drɔba

pescatore

ɔfarifo

donna delle pulizie

ɔbaa wɔpopa beaɛ

copritetto

obi a wɔbɔ dan so

cameriere

barima a wɔsom wɔ beaɛ a
wotɔn aduane

cacciatore

ɔbɔmɔfo

pittore

obi wɔde akaado keka ɛden
ne nnoɔma aka ho

fornaio

brodotofo

elettricista

obi a wɔyɛ nkaneɛ ho
adwuma

operaio edile

dansifo

ingegnere

obi a wɔyɛ mfidie akɛseɛ ho
adwuma

macellaio

namtɔnfo

idraulico

obi a wɔhyehyɛ drobɛn a
nsuo fa mu

postino

obi a wɔde nkrataa a
amanfoɔ atwerɛ soma no

soldato

ɔsrani

architetto

obi a wɔyɛ adansie ho
adwuma

cassiere

obi a wɔhwɛ sika so

fioraio

obi a wɔtɔn nhwiren

parrucchiere

obi a wɔyɛ tire

controllore

deɛ wɔgyegye sika wɔ
ɛhyɛn mu

meccanico

obi a wɔsiesie ɛhyɛn

capitano

panin

dentista

dɔkota a wɔhwɛ se

scienziato

abodeɛmu nyasapɛni

rabbino

ɔkyerɛkyerɛni

imam

imam

monaco

monk

clerico

sofo

attrezzi
akadeɛ

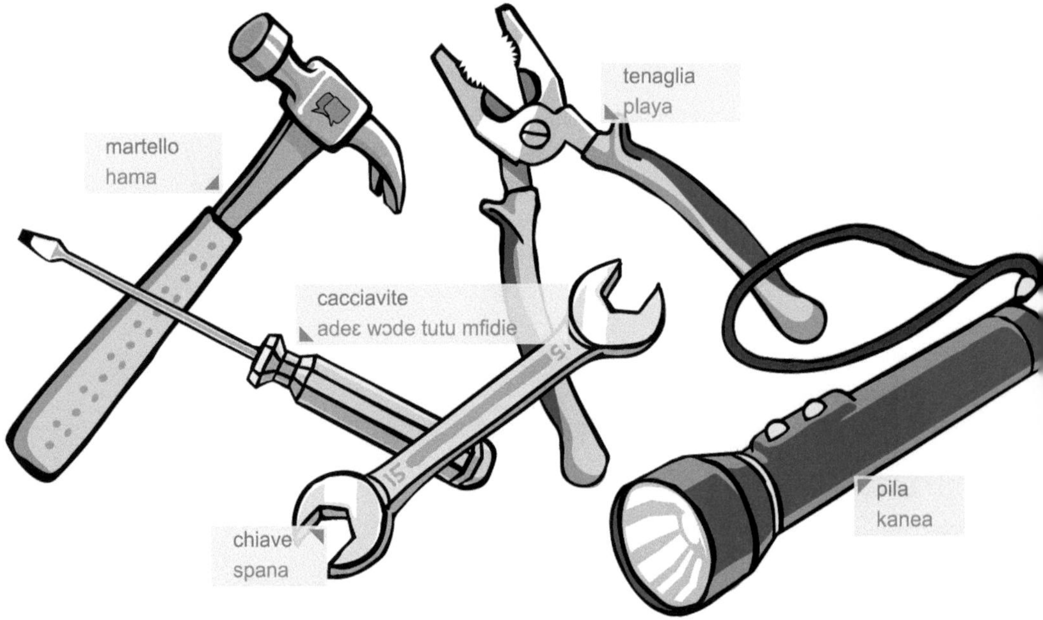

martello
hama
tenaglia
playa
cacciavite
adeɛ wɔde tutu mfidie
chiave
spana
pila
kanea

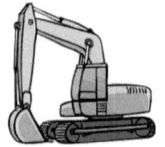

ruspa

afidie a wɔde tu fam

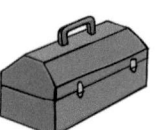

cassetta degli attrezzi

adaka a wɔde nnoɔma a wɔde yɛ adwuma gu mu

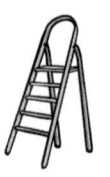

scala

atwedeɛ

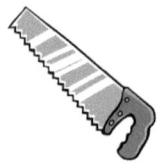

sega

sradaa

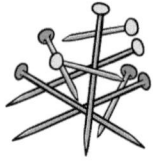

chiodi

nnadowa

trapano

afidie a wɔde mmia nnoɔma mu

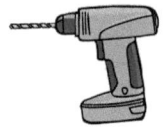

riparare
siesie

pala
sɔfi

Dannazione!
Yieee!

paletta per l'immondizia
asesa nwura

barattolo di colore
akaado kora

viti
dadeɛ wɔde bobɔ nnɔɔma mu

strumenti musicali
mfidie a wɔde bɔ nnwom

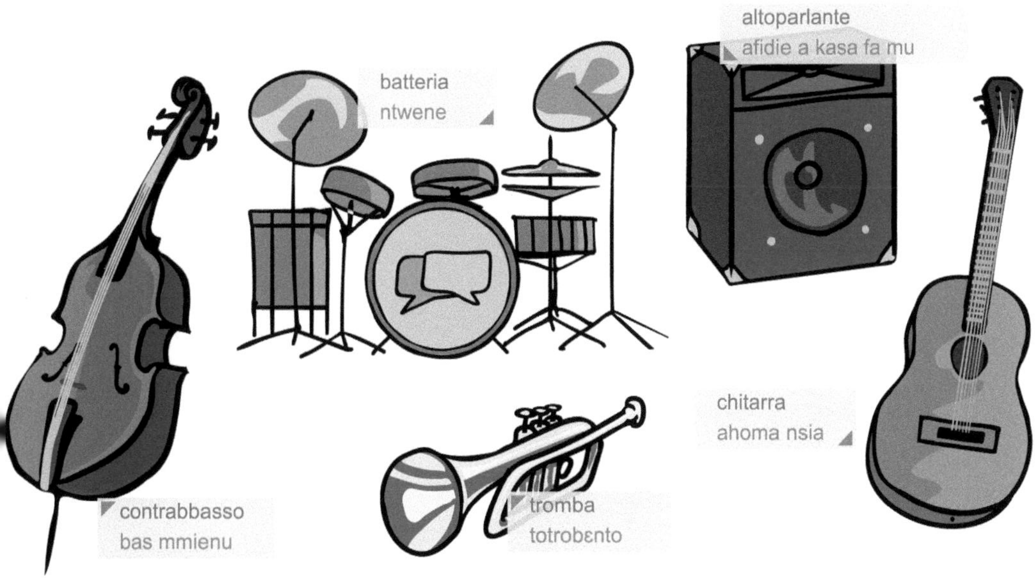

altoparlante
afidie a kasa fa mu

batteria
ntwene

contrabbasso
bas mmienu

tromba
totrobɛnto

chitarra
ahoma nsia

pianoforte

sankuo

violino

sankuo

basso

ahoma nsia

timpano

timpani

tamburo

ntwene

tastiera

sankuo

sassofono

sasofon

flauto

trobɛnto

microfono

akasanoma

zoo

mmoakurabea

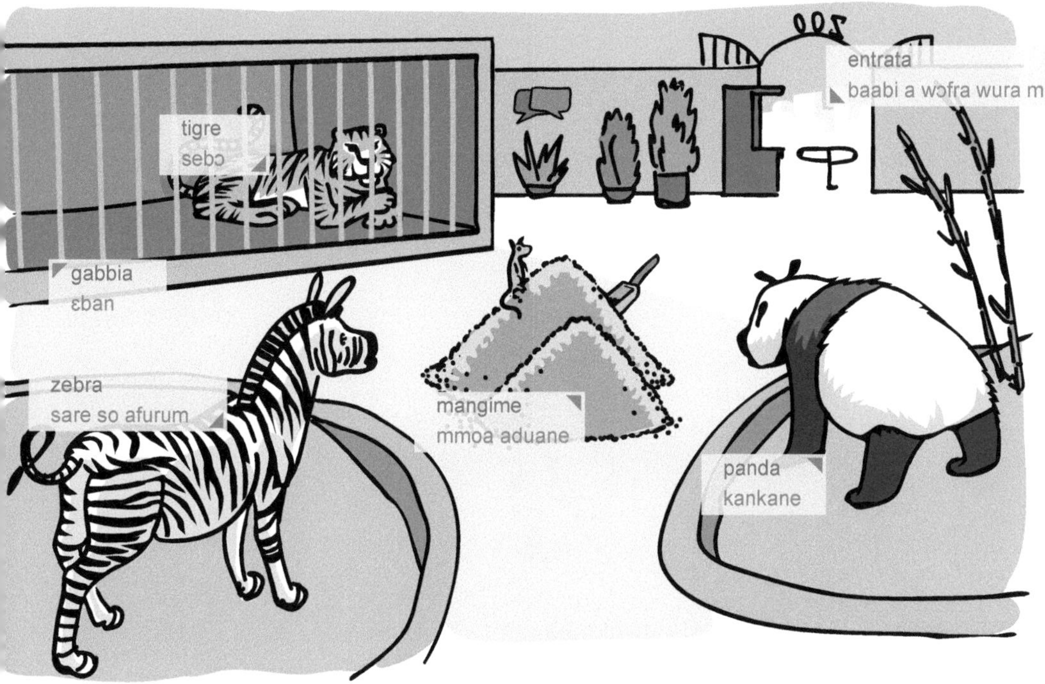
entrata
baabi a wɔfra wura mu
tigre
sebɔ
gabbia
ɛban
zebra
sare so afurum
mangime
mmoa aduane
panda
kankane

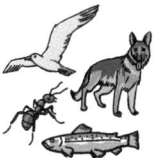

animali

mmoa

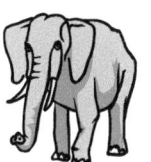

elefante

ɔsono

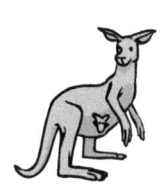

canguro

kangaroo

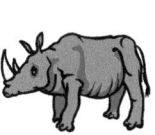

rinoceronte

bɛnkorɔ

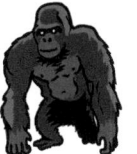

gorilla

akaatia

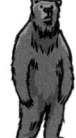

orso

sisire

cammello

yoma

struzzo

sohori

leone

gyata

scimmia

kontromfi

fenicottero

asukɔnkɔn

pappagallo

ako

orso polare

sisire

pinguino

penguin

squalo

oboodede

pavone

kohaa

serpente

ɔwɔ

coccodrillo

dɛnkyɛm

guardiano

mmoasohwɛfo

foca

sukraman

giaguaro

sebɔ

pony

pɔnkɔ ketewa

leopardo

etwie

ippopotamo

susono

giraffa

kɔntenten

aquila

ɔkɔdeɛ

cinghiale

kɔkɔte

pesce

nsuomunam

tartaruga

sudanda

tricheco

sukraman

volpe

sakraman

gazzella

adowa

football americano
Amerika bɔɔlo

ciclismo
dadeponko twie akansie

tennis
tɛnɛs

pallacanestro
baskɛtbɔɔlo

nuoto
nsuo dwareɛ

pugilato
akutrukubɔ

hockey su ghiaccio
hɔki a wɔbɔ no wɔ asukɔtw

calcio	badminton	atletica leggera
bɔɔlo	badminton	mmirikatuo

palla a mano	sciare	polo
nsa bɔɔlo	asukɔtwea so agorɔ	polo

ridere
sre

saltare
huri

abbracciare
fam

camminare
nante

cantare
to nwom

sognare
so daeɛ

pregare
bɔ mpaeɛ

baciare
fe ano

scrivre
twerɛ

disegnare
dwidwi

mostrare
kyerɛ

spingere
pia

dare
ma

prendere
fa

avere

gye

fare

yɛ

essere

yɛ

stare (in piedi)

gyina

correre

tu mirika

tirare

twe

gettare

tɔ

cadere

tɔ fam

sdraiarsi

twa ntorɔ

aspettare

twɛn

portate

soa

sedere

tena ase

vestirsi

hyɛ atadeɛ

dormire

da

svegliarsi

sɔre

guardare

hwɛ

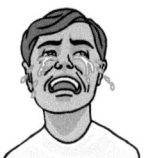

piangere

su

accarezzare

fa wo nsa fefa ho

pettinare

nunu wotirim

parlare

kasa

capire

te aseɛ

domandare

bisa

ascoltare

tie

bere

nom

mangiare

didi

riordinare

siesie

amare

dɔ

cucinare

noa

guidare

ka kaa

volare

tu

veleggiare

ka

calcolare

bo ho nkonta

leggere

kan

imparare

sua

lavorare

yε adwuma

sposare

ware

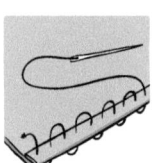

cucire

pam

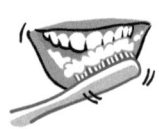

lavarsi i denti

twitwi wo se

uccidere

kum

fumare

hye

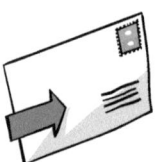

spedire

soma

nonna
nanabaa

nonno
nana barima

padre
papa

madre
maame

bebè
abɔfra

figlia
babaa

figlio
babarima

ospite

ɔhɔhoɔ

zia

sewaa

zio

wɔfa

fratello

nua barima

sorella

nuabaa

corpo

nipadua

fronte
moma
occhio
ani
spalla
abatire
dito
nsatea
viso
anim
mento
abodweɛ
mano
nsa
gamba
nan
petto
nufuoɔ
braccio
abasa

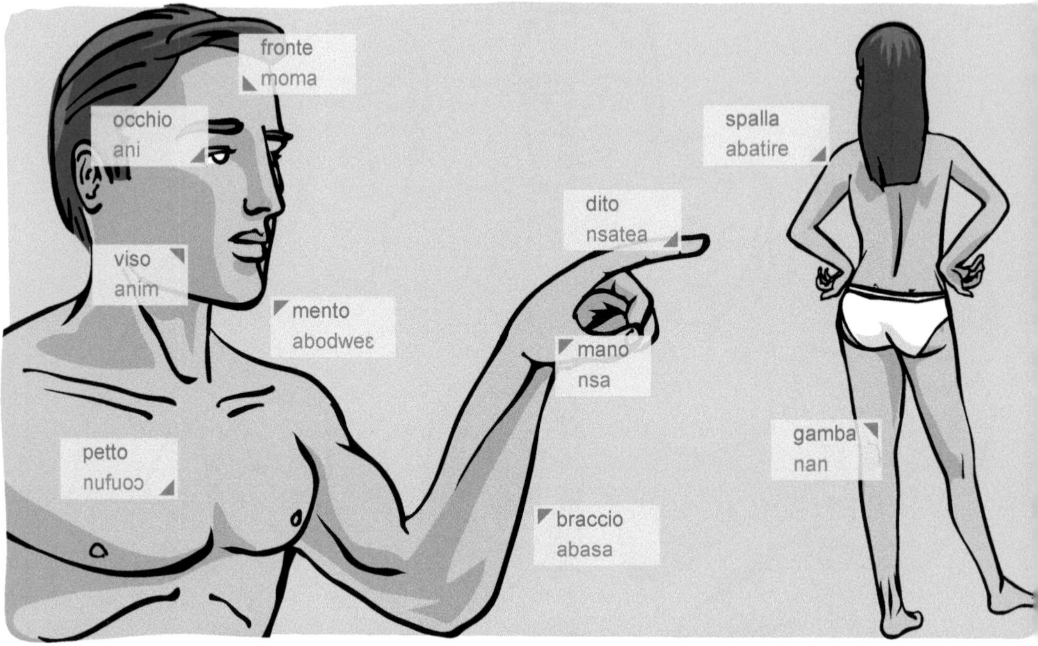

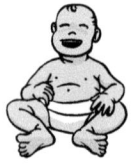

bebè

abɔfra

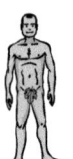

uomo

barima

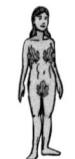

signora

ɔbaa

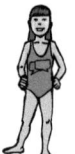

ragazza

abaayewa

ragazzo

abarimaa

testa

ɛtire

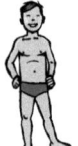

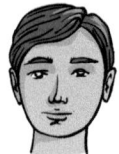

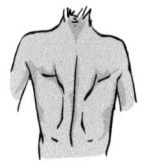

schiena

akyi

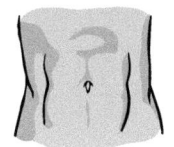

addome

yafunu

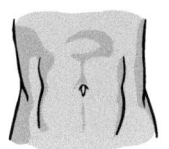

ombelico

furuma

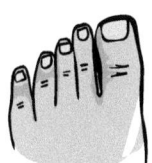

dito del piede

nansoa

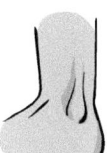

tallone

nantini

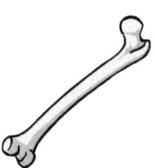

ossa

dompe

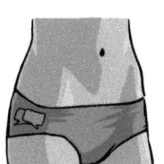

anca

sisi

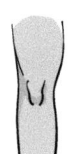

ginocchio

kotodwe

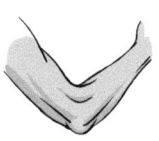

gomito

abatwerɛ

naso

hwene

sedere

ɛtoɔ

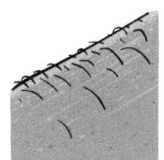

pelle

wedeɛ

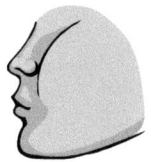

guancia

afono

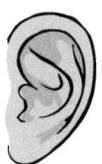

orecchio

aso

labbra

ano

bocca
ano

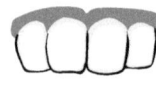

dente
ɛse

lingua
tɛkyerɛma

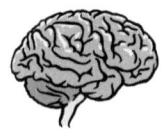

cervello
adwene

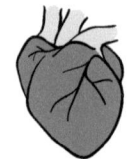

cuore
akoma

muscolo
honam

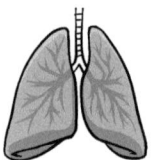

polmone
ahrawa

fegato
brɛbɔɔ

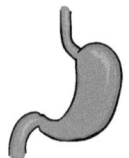

stomaco
afuro

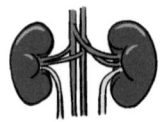

reni
sawa

rapporto sessuale
barima ne ɔbaa nna mu
nhyiamu

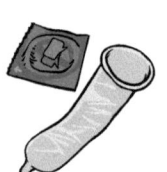

preservativo
kɔndɔm

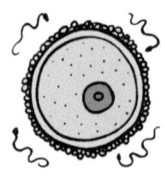

ovulo
nkosua a ɛwɔ obaa mu

sperma
barima ho nsuo

gravidanza
nyinsɛn

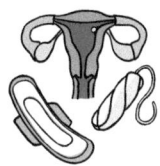

mestruazioni
....
brayɔ

vagina
....
ɛtwɛ

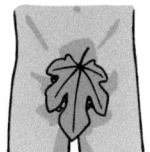

pene
....
kɔteɛ

sopracciglio
....
aniakyi nwii

capelli
....
nwii

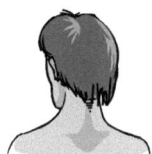

collo
....
kɔn

ospedale
asopiti

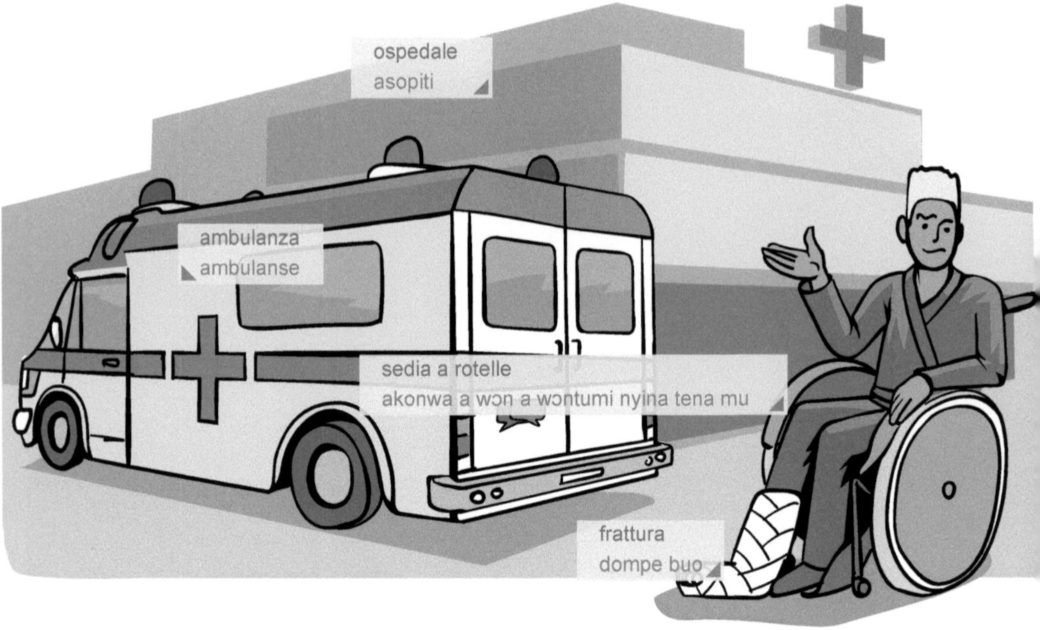

ospedale
asopiti
ambulanza
ambulanse
sedia a rotelle
akonwa a wɔn a wɔntumi nyina tena mu
frattura
dompe buo

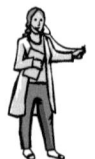

medico

dɔkota

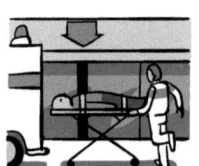

pronto soccorso

ɛdan a wɔde wɔn a wɔn apira kɔ mu kɔhwɛ wɔn ɔhare so

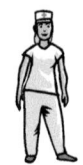

infermiera

nɛɛse

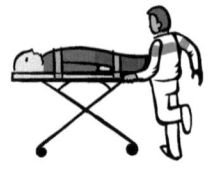

emergenza

putupru

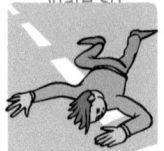

svenuto

fenti

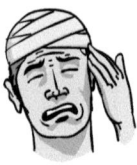

dolore

yaw

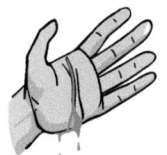

ferita

pira

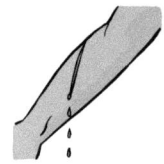

ferita

mogyatuo

infarto cardiaco

akoma yareɛ

ictus

nwodwoɔ yareɛ

allergia

adeɛ wo honam mpɛ

tosse

ɛwa

febbre

ahoɔhyeɛ

influenza

papu

diarrea

ayɛmhwie

mal di testa

tiripayɛ

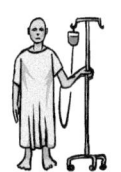

cancro

kokoram

diabete

asikyire yareɛ

chirurgo

dɔkotani wɔpaepae obi sa
no yareɛ

bisturi

sekamma

operazione

repaepae obi ho asa no
yareɛ

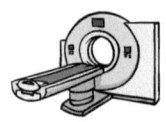

tomografia

CT

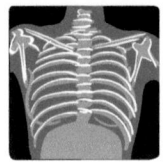

raggi x

x-ray

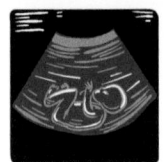

ecografia

mfonin a wɔtwa de hwɛ
awodeɛ mu

mascherina

anim nkatadeɛ

malattia

yareɛ

sala d'attesa

dan aa yɛtwɛn wɔ mu

stampelle

klɔkye

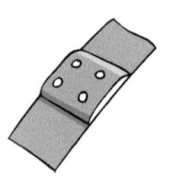

cerotto

plasta

bendaggio

bandege

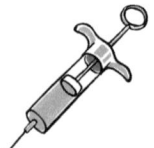

iniezione

paneɛ

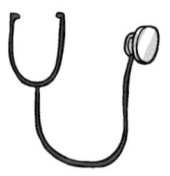

stetoscopio

afidie a wɔde tie dede wɔ
nnipa ho

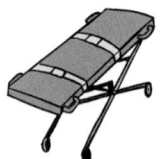

barella

mpa

termometro

afidie wɔde hwɛ ahoɔhyeɛ

nascita

awoɔ

sovrappeso

kɛseyɛ mmorosoɔ

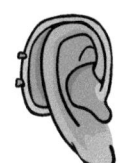

apparecchio acustico

afidie a ɛboa ma obi te
asɛm yie

disinfettante

aduro a wɔde ko tia
yaremmoa bateria

infezione

yareɛ nsaeɛ

virus

yaremmoawa

HIV / AIDS

HIV / AIDS

medicina

aduro

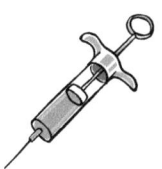

vaccino

nsianoaduru paneɛwɔ

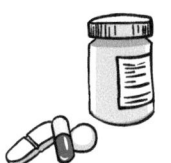

pastiglia

nnuro a wɔmene

pillola

aduro a wɔmene

chiamata d'emegenza

putupru frɛ

misuratore di pressione

afidie a wɔde hwɛ sɛdeɛ
mogya di aforosane

malato / sano

yareɛ / ahuɔden

Aiuto!

Boa me!

allarme

alam

aggressione

repira obi

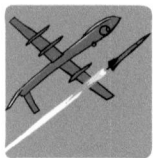

attacco

to hyɛ biribi so

pericolo

amaneɛ

uscita d'emergenza

kwan a wɔfa so pue berɛ
asɛm asi putupuru

fuoco!

Egya!

estintore

adeɛ a wɔde dum gya

incidente

akwanhyia

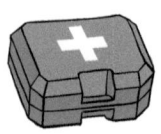

kit di primo soccorso

mmoa a edikan akadeɛ

SOS

SOS

polizia

polisi

Europa

Europe

Nord America

North America

Sud America

South America

Africa

Afrioa

Asia

Asia

Australia

Australia

Atlantico

Atlantic

Pacifico

Pacific

Ocenao indiano

Indian Ocean

Oceano antartico

Antartic Ocean

Oceano artico

Arctic Ocean

Polo nord

North Pole

Polo sud

South Pole

Antartico

Atartica

terra

Ewiase

paese

asaase

Mare

ɛpo

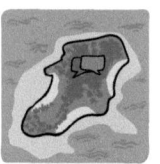

isola

ɛpoano

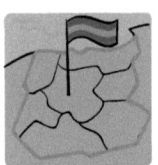

nazione

ɔman

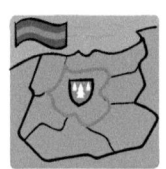

stato

ɔman

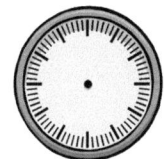

quadrante

mmerɛ kyerɛfoɔ no anim

lancetta delle ore

dɔnhwere nsa

lancetta dei minuti

sima nsa

lancetta dei secondi

anitɛtɛ nsa

Che ore sono?

Abɔ sɛn?

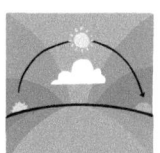

giorno

da

tempo

mmerɛ

ora

seisei ara

orologio digitale

abɛɛfo mmerɛ kyerɛfoɔ

minuto

sima

ore

dɔnhwere

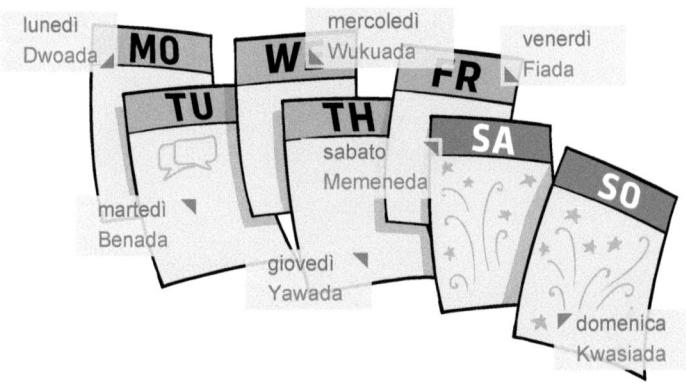

lunedì
Dwoada

mercoledì
Wukuada

venerdì
Fiada

martedì
Benada

sabato
Memeneda

giovedì
Yawada

domenica
Kwasiada

ieri
εnora

oggi
nnε

domani
ɔkyena

mattino
anɔpa

mezzogiorno
awia

sera
anwummerε

gioni feriali
adwuma nna

fine settimana
nnawɔtwe awieε

anno
afe

pioggia
nsuo
arcobaleno
nyankontɔn
vento
mframa
neve
asukɔtwea
primavera
nsopitiemmere
autunno
twaberɛ
estate
ahuhuberɛ
inverno
awɔberɛ

4.APRIL 11°
5.APRIL 4°
6.APRIL 13°
7.APRIL 8°
8.APRIL 10°

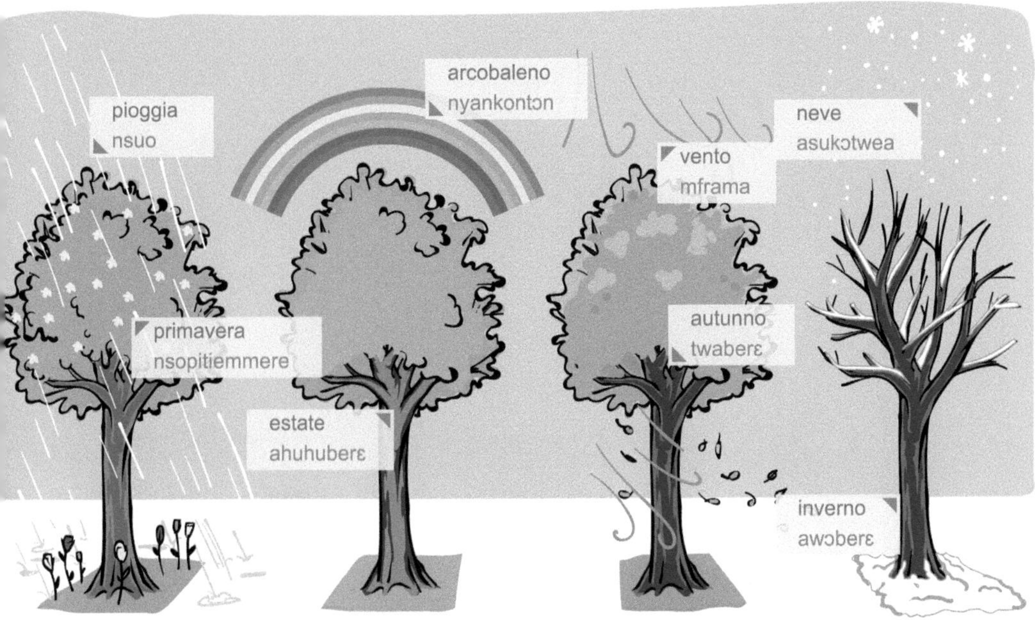

previsioni del tempo

ewiemu nsesaeɛ

F C
120 40
90 30
60 20
30 10
0 0
-30 -10
-20

termometro

afidie a wɔde hwɛ ahoɔhyeɛ

raggio di sole

awiabɔ

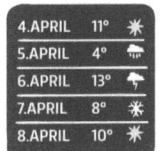

nuvola

munumkum

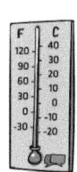

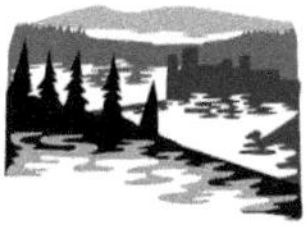

nebbia

ɛbɔ

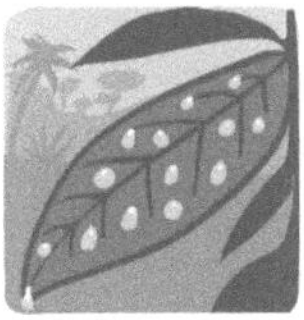

umidità

nsuo a ɛwɔ mframa mu

lampo

ayerɛmo

tuono

agradaa

tempesta

nsuden ne mframa

grandine

sukɔtwea

monsone

mframa a ɛde nsuo ba

marea

nsuyiri

ghiaccio

asukɔtwea

gennaio

Ɔpɛpɔn

febbraio

Ɔgyefoɔ

marzo

Ɔbɛnem

aprile

Oforisuo

maggio

Kotonimaa

giugno

Ayɛwohumumɔ

luglio

Kitawonsa

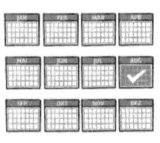

agosto

Ɔsanaa

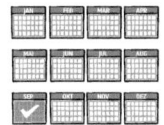

settembre

εbɔ

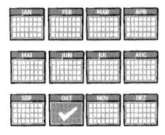

ottobre

Ahinime

novembre

Obubuo

dicembre

☐pɛnimaa

forme

bɔbea

cerchio

kanko

quadrato

ahenanan

rettangolo

fasene

triangolo

ahinasa

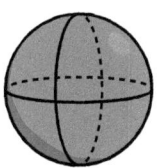

sfera

kanko

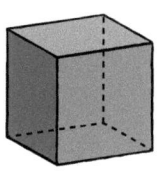

cubo

ahenanan

colori

ahosuo

bianco
....
fitaa

giallo
....
akokɔsradeɛ

orancione
....
akokɔsradeɛ

fucsia
....
memen

rosso
....
kɔkɔ

lilla
....
beredum

blu
....
bibire

verde
....
ahabanmono

marrone
....
dodoeɛ

grigio
....
nson

nero
....
tuntum

molto / poco

bebree / ketewa

arrabbiato / tranquillo

abufuo / brɛo

bello / brutto

fɛfɛɛfɛ / tantantan

inizio / fine

ahyɛaseɛ / awieɛ

grande / piccolo

kɛseɛ / ketewa

chiaro / scuro

ɛhyerɛ / ɛdum

fratello / sorella

nua barima / nuabaa

pulito / sporco

ɛho te / ɛfi

completo / incompleto

wawie / onwieeyɛ

giorno / notte

anopa / anadwo

morto / vivo

wawu / ɔtease

largo / stretto

emu bue/emu mmueɛ

commestibile / immangiabile

yetumi di / yentumi nni

cattivo / buono

bɔne / papa

eccitato / annoiato

anigyeɛ / w'ani nka

grasso / magro

kɛseɛ / hwea

primo / ultimo

di kan / ka akyi

amico / nemico

adanfo / atanfo

pieno / vuoto

ayɛ ma / hwee nnimu

duro / morbido

dendenden / mrɛmrɛmrɛ

pesante / leggero

emu ye duru / emu yɛ ha

fame / sete

ɛkɔm / nsukɔm

malato / sano

yareɛ / ahuɔden

illegale / legale

ɛnfa mmrakwanso / mmrakwanso

intelligente / stupido

nimdifo / gyimifo

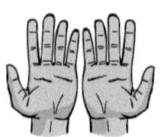

sinistra / destra

benkum / nifa

vicino / lontano

ɛbɛn / ɛmu ware

nuovo / usato

foforo / dada

niente / qualcosa

ɛnyɛ hwee / biribi

vecchio / giovane

panyin / abɔfra

acceso / spento

sɔ / dum

aperto / chiuso

bue / yatom

silenzioso / rumoroso

dinn / dede

ricco / povero

sikani / ohiani

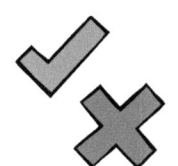

giusto / sbagliato

papa / bone

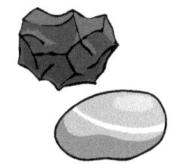

ruvido / liscio

wewerɛwewerɛ / tromtrom

triste / felice

awerehoɔ / anigye

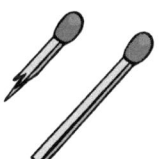

corto / lungo

tiatia / tentene

lento / veloce

brɛoo / ntɛm

bagnato / asciutto

afɔ / awo

caldo / fresco

ɛyɛ hye / adwo

guerra / pace

ntɔkwa / asomdwoe

0	**1**	**2**
zero	uno	due
ohunu	baako	mmienu

3	**4**	**5**
tre	quattro	cinque
mmiensa	nan	num

6	**7**	**8**
sei	sette	otto
nsia	nson	nwɔtwe

9	**10**	**11**
nove	dieci	undici
nkron	du	du-baako

12

dodici

du-mmienu

13

tredici

du-mmiensa

14

quattordici

du-nan

15

quindici

du-num

16

sedici

du-nsia

17

diciassette

du-nson

18

diciotto

du-nwɔtwe

19

diciannove

du-nkron

20

venti

aduonu

100

cento

ɔha

1.000

mille

apem

1.000.000

milione

ɔpepe

Inglese

Brofo kasa

Inglese americano

Amerika Brofo

Cinese mandarino

Chinese Mandarin

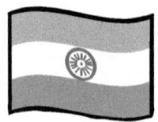

Hindi

Hindi

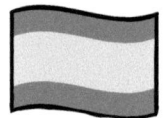

Spagnolo

Spanish

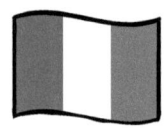

Francese

French

Arabo

Arabic

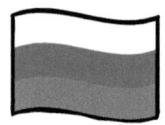

Russo

Russian

Portoghese

Portuguese

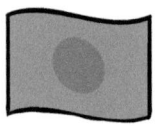

Bengalese

Bengali

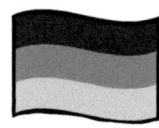

Tedesco

German

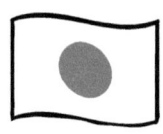

Giapponese

Japanese

io

me

tu

wo

lui /lei

ɔno

noi

yɛn

voi

wo

loro

wɔn

chi?

hwan?

cosa?

aden?

come?

sɛn?

dove?

ɛhefa?

quando?

dabɛn?

nome

din

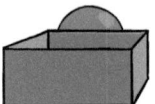

dietro

n'akyi

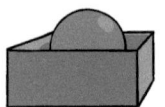

in

εmu

davanti

wɔ n'anim

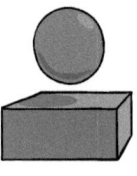

oltre

soro

sopra

so

sotto

aseε

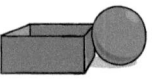

accanto

nkyene

fra

ntam

località

fa hyε